INFO3 VERLAG

Michael Bockemühl

KUNST SEHEN

BAND 16

Nach einer öffentlichen Vorlesung zu Michelangelo
vom 10. Mai 1994 im Saalbau Witten

Bearbeitet und herausgegeben von David Hornemann v. Laer
unter Mitarbeit von Carla Tenthoff und Melanie Laskowski

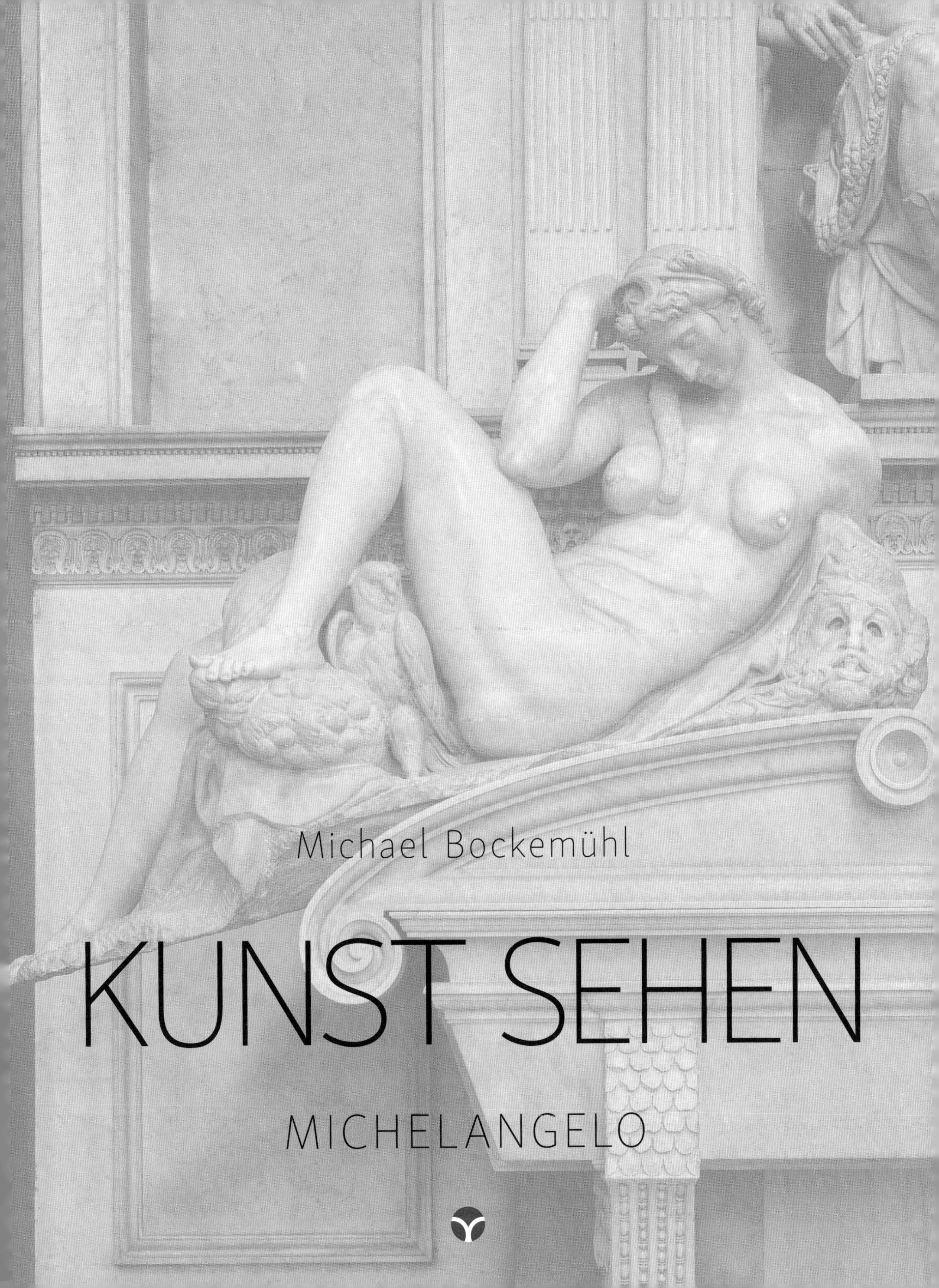

Michael Bockemühl

KUNST SEHEN

MICHELANGELO

INHALT

*„Wenn ich alles Große genau betrachte, so sehe ich,
dass es aus lauter Kleinigkeiten zusammengesetzt ist,
und wenn ich ganz genau hinsehe, erkenne ich,
dass es so etwas wie eine Kleinigkeit gar nicht gibt.“* [1]

Michelangelo

1 | Daniele da Volterra zugeschriebenes **Porträt Michelangelos**, um 1545 (Ausschnitt)

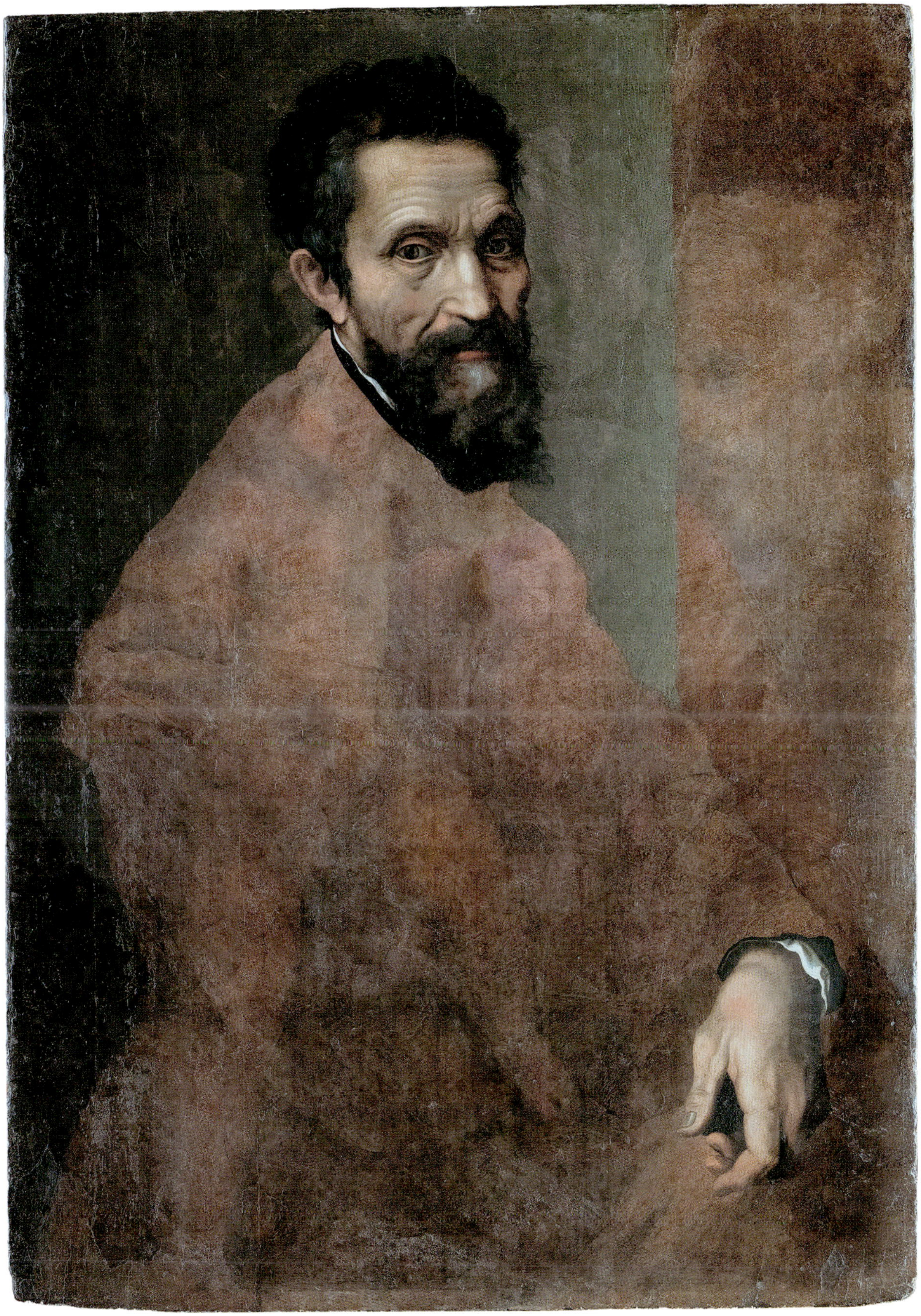

VOM STEIN, DER UNSERE PHANTASIE IN BEWEGUNG BRINGT

Friedrich Nietzsche zufolge werden wir nicht als Seher:innen geboren. Die Ausbildung des Sehsinns hänge vielmehr gleich von mehreren Faktoren ab: „Sehen lernen – dem Auge die Ruhe, die Geduld, das An-sich-herankommen-Lassen angewöhnen; das Urteil hinausschieben, den Einzelfall von allen Seiten umgehn und umfassen lernen."[2] Sehen bedarf demnach der Ruhe, Geduld und Nähe sowie der Bereitschaft, die Perspektiven zu wechseln und (Vor-) Urteile zurückzuhalten.

Ein erfrischendes Beispiel, wie das gelingen kann, finden wir in Michael Bockemühls Vorlesung zu Michelangelo, dem wohl „wirkmächtigste[n] Künstler der Menschheit"[3]. Der Kunstwissenschaftler, der sich ein Leben lang mit dem florentinischen Bildhauer, Maler, Baumeister und Dichter auseinandergesetzt hat, möchte keine weiteren Interpretationen zu dessen Werken anstellen, sondern sich ihnen über die Augen nähern. So heißt es in seiner Vorlesung: „Was ich hier versuche, ist ja auch nur ein Ansatz, eine Bemühung, die auf die Frage abzielt, wie wir so etwas ansehen können – nicht nur, was sich darüber sagen lässt" (S. 64). Doch was sollte so außergewöhnlich daran sein, zu zeigen, wie die Werke Michelangelos angeschaut werden können?

Wer kennt nicht die Situation: Man steht ratlos vor einem Kunstwerk und weiß wenig damit anzufangen. Statt von dem Werk in einen ästhetischen Zustand versetzt zu werden und belebende, unvorhergesehene Eindrücke zu gewinnen, überfällt einen eine bleierne Müdigkeit und man fühlt sich überfordert. Es wird schwer, ein echtes Interesse gegenüber dem Kunstwerk aufzubringen und in eine aktive Auseinandersetzung mit ihm zu kommen. Die Verlockung wächst, sich der Führung des Audio-Guide zu überlassen. Letztlich stellt sich die Frage: Begreife ich Kunst als Herausforderung für meine Sinne, um in eine unabhängige, selbständige und die Sinne aufweckende Eigenaktivität zu kommen, oder will ich mir ein Kunstwerk nur erklären lassen?

Dass wir es bei der Kunstbetrachtung mit einem Vorgang zu tun haben, der mit größten Glücksmomenten, aufregenden neuen Perspektiven und neuen Horizonten, aber auch mit enormen Anstrengungen und existenziellen Herausforderungen verknüpft ist, durfte ich selbst bei meinen ausgedehnten Betrachtungen des *Sixtinischen Deckengemäldes* erfah-

„Wie die Abgase der Autos und der Schwerindustrie die Luft der Städte verunreinigen, vergiftet heute der Strom der Kunstinterpretationen unser Empfindungsvermögen. [...] Interpretieren heißt, die Welt arm und leer machen – um eine Schattenwelt der ‚Bedeutungen' zu errichten.“ [4]

Susan Sontag

ren. Meine Hingabe und meine Bemühungen um reine Seheindrücke von Michelangelos Meisterwerk waren nicht sogleich von Erfolg gekrönt. Vielmehr hatte ich es zunächst mit unwillkürlich auftretenden Assoziationen, Einfällen, Erinnerungen und sympathisch oder antipathisch gefärbten Gefühlen zu tun, die mich von meinem eigentlichen Vorhaben ablenkten und den Prozess meiner Betrachtung störten.

Auch der Gedanke, es sei vergeblich und überflüssig, mittels der Augen etwas Neues entdecken zu wollen, erwies sich als Hindernis und es beschlich mich durch die Zurückhaltung meines Urteils und dem damit verbundenen Kontrollverlust eine subtile Angst, die das Vertrauen in meine Sinne untergrub. Doch allen Widrigkeiten zum Trotz gab es immer wieder erhabene Glücksmomente, in denen es mir gelang, wach zu bleiben, mich von meinen Vorurteilen und Ängsten zu befreien und mit der Kunst in einen offenen Dialog zu treten, sodass mir die Fresken zunehmend lebendiger vor Augen standen.[5]

Zu verdanken habe ich dieses unvermutete und herausfordernde Abenteuer meinem Doktorvater Michael Bockemühl. Als ich ihm zu Beginn meiner Arbeit skizzierte, worüber ich zu schreiben und wie ich die Fresken zu interpretieren gedächte, gab er mir eine kurze Antwort, die mich bis heute in meiner Auseinandersetzung mit Kunstwerken leitet: „Lassen Sie Ihre Interpretation lieber weg und schildern Sie stattdessen einfach, was Sie sehen.“

Die Begründung für seinen Vorschlag war nicht von der Hand zu weisen. Er gab mir zu verstehen, dass eine Interpretation in aller Regel auf Argumenten beruhe, welche nur die eigene These stützen, während die immer auch vorhandenen Gegenargumente oft vernachlässigt blieben. So würde ich den Lesenden meine Interpretation aufdrängen und ihre Blicke in eine bestimmte Richtung lenken und – anstatt ihnen zu helfen – sie womöglich daran hindern, im eigenen Anschauen zu ganz anderen Ansichten zu finden. Kurzum, die Augen für ein Kunstwerk öffnen sich nur dann, wenn anstelle der interpretationsvermittelten *Bedeutung* die eigene *Seherfahrung* in den Mittelpunkt rückt: Wie ist eine Sache gestaltet? Wie tritt sie in Erscheinung? Wie spricht sie mich an? Wie erschließt sie sich mir? Dementsprechend sucht der Wahrnehmungsforscher von der Universität Witten/Herdecke in seiner Vorlesung zu Michelangelo mit seinem Publikum ein „anderes Sehverhalten“ (S. 38), eine

„Nichts schützt ein Kunstwerk vor Missverständnis. Erst recht nicht die Bemühung um eindeutige Bestimmungen, umfassende Formeln oder endgültige Wahrheiten.“ [6]

Michael Bockemühl

„Umwendung der Sehgewohnheiten“ (S. 56) einzuüben und es auf „andere Bewusstseinsvollzüge beim Sehen“ (S. 25) aufmerksam zu machen. Dabei lenkt er den Blick nicht nur auf die Kunstwerke, sondern auch auf uns selbst als Betrachtende. Wir erfahren, wie wir an der bleibenden, durch den Stein festgehaltenen Form in eine spezifische Bewegung kommen können, die die so und nicht anders gestalteten Skulpturen vorgeben: „Weil dieselbe Gestalt zugrunde liegt, muss auch derselbe Prozess in jedem einzelnen Bewusstsein zum Vorschein kommen – dann auch von jedem Einzelnen mit anderen Worten vielleicht belegt wird. [...] Aber was wir sehen, was wir erfahren, das ist dort vom Marmor vorgegeben und gestaltet“ (S. 66).

Mit Witz und methodischer Konsequenz sucht Bockemühl die Aufmerksamkeit auf die durch die Kunstwerke selbst eröffneten Anschauungsmöglichkeiten zu lenken. So rückt an die Stelle einer das Kunstwerk erklärenden, abgeschlossenen Interpretation das Sehen als offener Prozess und es entsteht ein Resonanzraum, in dem Betrachtende und Kunstwerk einander näher rücken können.

Studierende unterschiedlicher Fachrichtungen, der Grafiker und Künstler Frank Schubert und ich haben zusammen eine Buchform entwickelt, die dem Charakter dieser Vorlesung entspricht: Es ist der Versuch, die Abbildungen und Hinweise so anzuordnen, dass die Leserinnen und Leser Anschauliches und Gedankliches selbst verbinden können. Das eröffnet die Möglichkeit zu kritischer Distanz, zu anschaulicher Überprüfung und spornt nicht zuletzt zu eigenen Entdeckungen an.

Wir haben uns darum bemüht, den vorliegenden Text behutsam und mit größter Sorgfalt zu überarbeiten und dabei den Zugang zu der frei gesprochenen Vorlesung zu erleichtern. Um die in der Transkription[7] nicht festgehaltene Mimik und Gestik des Vortragenden und seine konkreten Fingerzeige auf Details der Abbildungen zu kompensieren, haben wir den Wortlaut an einigen Stellen ergänzt, gekürzt und mit Zitaten und Fußnoten versehen. Um den Lesefluss und das ästhetische Erscheinungsbild nicht zu unterbrechen, sind die Änderungen nicht extra gekennzeichnet. Weitere Informationen zu Bockemühls Vorlesungszyklus finden Sie unter: www.kunst-sehen.info

David Hornemann v. Laer
Witten im Juni 2023

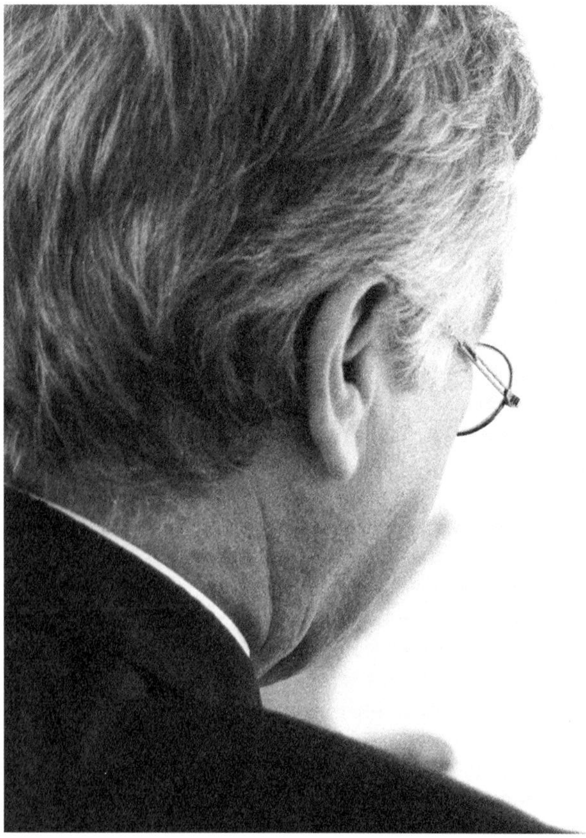
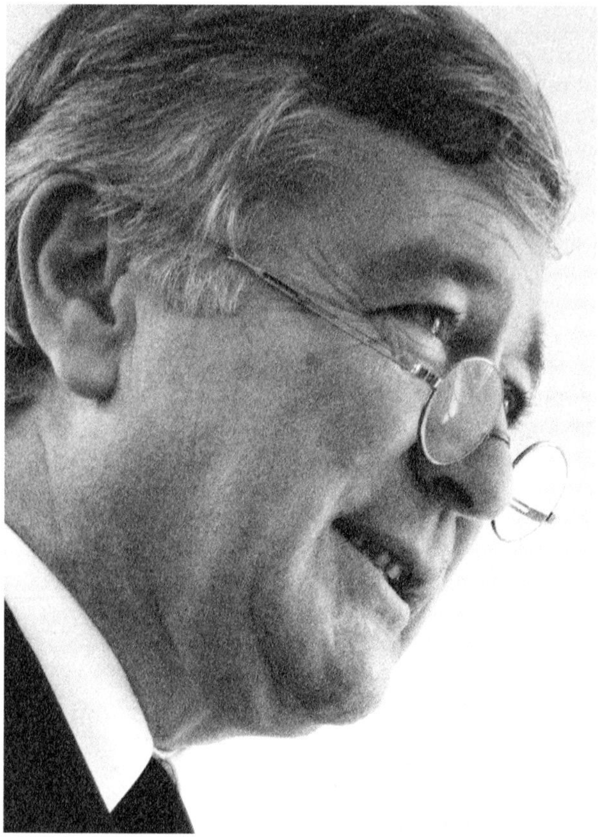
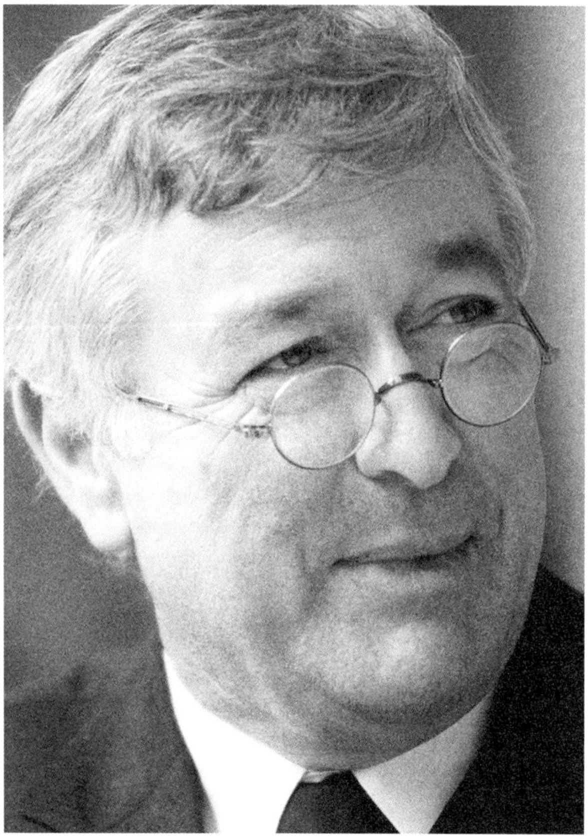
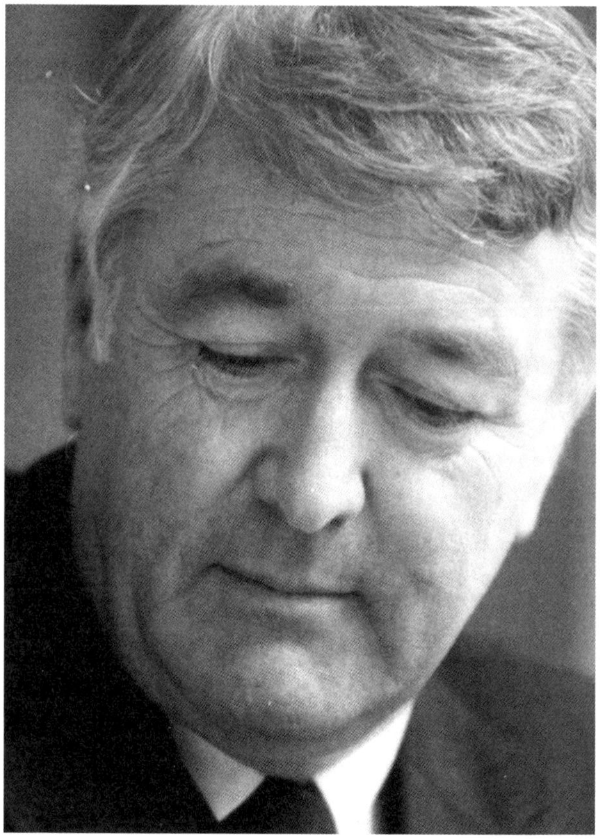

VORLESUNG: MICHELANGELO – IDEE UND STEIN

„ES IST NOTWENDIG ÜBER DIE BEGRIFFE, DIE UNSER SEHEN BESTIMMEN, HINAUSZUKOMMEN."

Meine Damen und Herren,

wir stehen heute an einem Punkt, wo man sagen kann: So viel haben wir noch nie gewusst. Aber unsere Sinne, über die unser Ich zur Welt in ein Verhältnis tritt, sind uns ein vollkommenes Rätsel. Zwar sind wir eingetaucht in die komplexen Zusammenhänge neurophysiologischer Prozesse und haben die Organe bis ins Kleinste ihrer physikalischen Bedingungen erforscht und dabei unglaubliche Mechanismen entdeckt. Aber das, was sich eigentlich vollzieht – dass wir durch Sinne etwas fassen, was andererseits auch wieder außersinnlich ist –, das bleibt noch immer als ein Problem vor uns.

Wir wissen genau genommen nicht, in welcher Welt wir leben. Wir wissen nicht definitiv, was Raum ist und was Zeit ist. Die Definitionen, die sich entwickelten, haben meist nur einzelne Aspekte, bestimmte Elemente erfasst. Aber das Verhältnis von Raum und Zeit – wie vermittelt sich das?

Wir erleben das in einer unmittelbaren Vermittlung durch unsere Leiblichkeit. Es geschieht und wir wissen nicht wie. Und weil es so gut geschieht, lässt sich natürlich auch vieles darüber denken. Das ist ja das Schöne, das uns das alles geschenkt ist. Wenn wir erst wissen müssten, wie man atmet um atmen zu können, dann wären wir alle schon erstickt. Und so können wir ganz unbefangen in dieser Welt leben, ohne zu wissen wie. Aber manchmal ist dieses „Wie" doch interessant und wir werden nicht aufhören danach zu fragen, denn wenn wir aufhören zu fragen, verlieren wir einen Teil dessen, was uns als Mensch ausmacht.

2 | Christian Nielinger, **4 Porträtfotos von Michael Bockemühl**, 2003

„Wir sehen immer schon was, bevor wir überhaupt etwas sehen."

Wir bewegen uns, wenn wir uns zu der Welt ins Verhältnis setzen, ja so, dass wir uns erstmal in unserer Reflexion an das Auge wenden. Wir sind sehr augenorientierte Menschen und trauen – wenn wir überhaupt den Sinnen trauen – am meisten unseren Augen. Aber dieses Sehen ist besonders begriffsdurchdrungen: Wir sehen immer schon was, bevor wir überhaupt etwas sehen. Wenn Sie sich umgucken, sind da zum Beispiel Mitmenschen, da sind Stühle, da gibt es noch die Decke und da gibt es die Leinwand und mich und so weiter. Und mit dem Sehen weiß man schon, was das ist.

Die Kunst bietet eine einmalige Chance, dieses begriffsdurchdrungene Sehen an seine Grenzen und darüber hinaus zu führen. Es ist notwendig über die Begriffe, die unser Sehen bestimmen, hinauszukommen. Und die Kunst ist eine unserer Möglichkeiten, einen Weg darüber hinaus zu zeigen unter der Bedingung, wach zu bleiben und dabei nicht das Bewusstsein zu verlieren. Im Traum überschreiten wir diese Grenze ständig, bloß sind wir dann nicht in uns. Und wenn Sie an bewusstseinserweiternde Mittel denken, an Drogen etwa, so ist das Herbeiführen dieses Zustandes auch mit Gewalt möglich. Aber die Kunst erlaubt es uns, wachen Sinnes über diese Grenze zu gehen. Und in diesem Zusammenhang wird es für uns etwas ganz Wichtiges auch zu fragen, wenn wir den Bereich der Augen verlassen: Was kommt denn außer den Augen an Sinnen noch in Betracht, wenn wir uns auf das Plastische, das plastische Element beziehen?

Sie können zum Beispiel einmal ausprobieren, was passiert, wenn Sie das Wort „das Plastische" zehnmal vor sich hinmurmeln. Sie werden staunen, denn das heißt dann plötzlich gar nichts mehr. Wenn ich das jetzt dauernd wiederhole, dann wird die Folge sein, dass so ein Punkt kommt, wo man nicht mehr weiß, was das heißt, weil es rätselhaft ist. Das Plastische, das Plastische, das Plastische – wissen Sie, was das Plastische ist?

Es zeigt sich, dass es gar nicht so einfach ist, den Begriff wirklich zu fassen. Und wenn wir nun versuchen, uns dem Plastischen zu nähern, möchte ich dem eine gewisse Fragerichtung geben: Wissen wir was zum Beispiel unseren Leib plastiziert?

Wir gehen zum Beispiel einfach davon aus, dass wir so eine wunderbare Protuberanz im Gesicht haben, unsere Nase. Wir gehen davon aus, dass dies selbstverständlich ist. Doch lässt sich diese Gestaltung aus dem „Kampf ums Dasein" erklären? Es ist nicht möglich. Man muss nicht so aussehen. Wir hätten mit anders geformten Leibern auch große Chancen gehabt. Nur ist eben alles so, dass wir sagen können: Es hat seine Gestalt. Was aber gibt dem Baum seine Gestalt – sagen wir mal einer schönen Buche, die sich ausstreckt, oder einem Nilpferd? Da gibt es große Unterschiede schon allein von der Gestalt her. Doch was plastiziert das? Wie kommt das als Form zustande? Und wie fassen wir Gestalt, wie fassen wir die Gestalt des Leibes und wie nehmen wir sie wahr? Unter Umständen kann uns das plastische Prinzip da weiterführen, wenn wir uns im Zuge der nächsten Vorlesungen auch mit Rodin, Moore, Arp und Giacometti beschäftigen werden. Wir können uns dann diese Fragen immer wieder unter jeweils ganz anderen Bedingungen stellen: Wie erfassen wir Leiblichkeit durch unsere eigenen Sinne und in welchem Zusammenhang stehen wir dabei mit unserer Umwelt? Können wir es schaffen, das Plastische zu erfassen, indem wir beobachten, was ein Künstler tut, wenn er diesen Bereich selbst gestaltet? Können wir davon ausgehen, dass für dieses Erfassen nicht nur das Auge gefragt ist, sondern mehr?

Gegenüber der Malerei, der wir uns bislang gewidmet haben, kommt angesichts der plastischen Arbeiten nun eine weitere Eigenaktivität hinzu. Ein Gemälde können wir erfassen, indem wir frontal vor ihm stehenbleiben. Ein plastisches Kunstwerk können wir uns nur erschließen, indem wir uns selbst in Bewegung setzen. Ansonsten bleiben wir auf eine reduzierte Ansicht fixiert. Hier kommt also auch ein zeitlicher Aspekt mit ins Spiel. Wir müssen uns, kurz gesagt, in einem viel umfassenderen Sinne den Raum und die Zeit erobern, wenn wir sehen wollen, wenn wir uns einen Begriff von einer Sache machen wollen.

Wir wollen diesen Herausforderungen und Fragen in den folgenden Vorlesungen nachgehen. Vielleicht gelingt es uns ja, Begriffe zu fassen, die nicht nur abgestorben sind und uns ein Endgültiges, Abgeschlossenes vor Augen stellen, sondern durch den Umgang mit diesem Plastischen in unseren Begriffen etwas zu veranlagen, was vielleicht selbst plastisch ist und dabei zu versuchen, die Art unseres Anschauens und Denkens eine Spur zu verändern. Meine Damen und Herren, wenn uns das gelingt, ist das der allergrößte Erfolg einer solchen Bemühung, sich mit dem Sehen von Kunst zu befassen. Denn die Kunst fordert ein Sehen, das ihr entspricht und wirkt darüber als eine große Erzieherin in unsere Kultur.

Wenn wir uns heute mit Michelangelo beschäftigen, dann ist das natürlich maßlos, denn zeitlich würde die Betrachtung seiner Werke den ganzen Vorlesungszyklus allein füllen können. Wenn wir also heute einige Elemente ansprechen wollen, dann nur unter einseitigen Gesichtspunkten, die anregen möchten, in dem angesprochenen Fragenzusammenhang Beobachtungen zu machen. Denn es wird sehr wichtig sein, inwiefern das, was wir an einer Plastik erkennen – das Ideelle, die Idee –, wie sich das zu dem verhält, was wir an einer Plastik sehen. Und das ist zunächst – wenn ich von der Skulptur, vom klassischen Material des Skulpturalen ausgehe – der Stein. Idee und Stein: in welches Verhältnis tritt das? Wie nehmen wir dieses Verhältnis wahr?

Und, meine Damen und Herren, zu diesen Fragen gibt es jetzt einen Versuch, an dem Sie sich selber beteiligen können. Sie brauchen nur die Augen aufzumachen und zu beobachten, wie Ihnen das, was Sie gleich sehen werden, ins Bewusstsein tritt. Achten Sie darauf, ob das schnell oder langsam geht und wie Sie das sehen, was Sie tun.

Nur eines möchte ich noch vorwegnehmen: Denken Sie nicht, das kenne ich doch schon. Versuchen Sie das so ein bisschen wegzudrängen und beobachten Sie den allerersten Moment. Es ist nämlich schon vorbei, wenn es da ist. Sie müssten es also idealerweise erwischen, wenn es gerade im Bewusstsein ankommt.

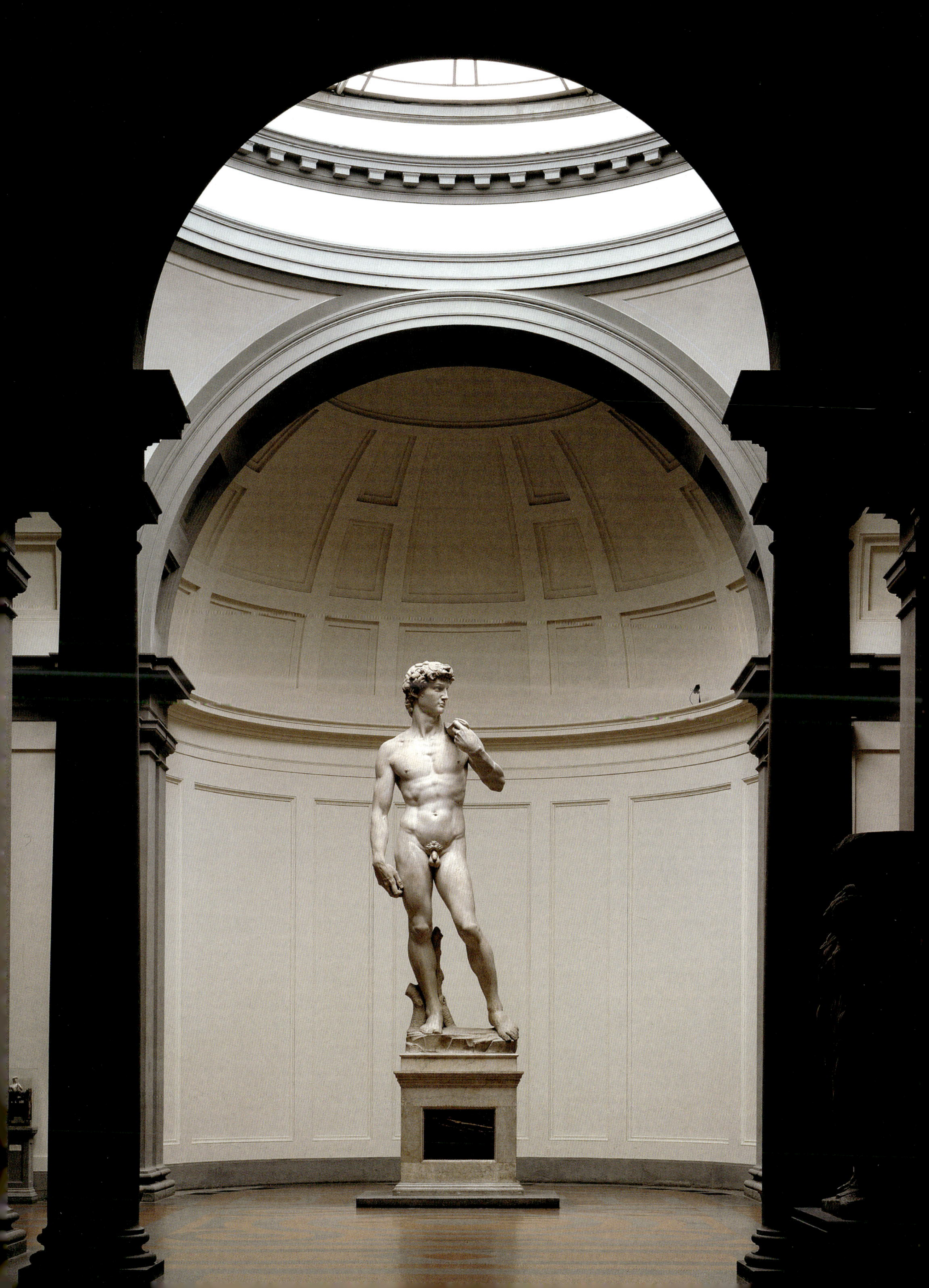

Bestimmt haben Sie jetzt schon etwas festgestellt. Wie geht es Ihnen, wenn Sie so etwas sehen? Dauert es lange, oder geht es schnell?

„Schnell!"

Und bis wohin sind Sie gekommen in der Begriffsbildung?

„Bis zum *David*. Das ist der *David* von Michelangelo."

Das ist ungeheuerlich. Sie müssen einiges wissen, um das herausfinden zu können. Und wie Sie vielleicht bemerken, schadet es auch gar nicht, wenn Sie das wissen. Natürlich sind Sie schon durch die Ankündigung dieser Vorlesung auf Michelangelo verwiesen worden. Aber ich fürchte, dass die Allgemeinbildung so weit reicht, dass auch ohne Ankündigung dieses Kunstwerk von vielen als *David* identifiziert wird.

Bevor Sie den *David* erkannt haben, haben Sie da auch schon etwas gesehen? Als Sie vielleicht mit dem Blick noch etwas neben der Gestalt waren?

„Die Farbe des Hintergrunds."

Und die Gestalt als solche, wie trat sie auf?

„Ich habe zunächst ein Helldunkel wahrgenommen."

Wie waren Hell und Dunkel geschieden? In welcher Ordnung? Oder einfach nur so?

„Die Mitte war hell."

Erinnern Sie sich noch an die Augenbewegung, die Sie gemacht haben, als Sie bemerkt haben, dass die Mitte hell war?

„Nach oben und nach unten."

Jetzt geht es überhaupt erst los und wir könnten, wenn wir Spaß daran hätten, die ganze Zeit damit verbringen, detailliert zu beschreiben, was eigentlich passiert, wenn wir unversehens auf eine solche Figur blicken, noch bevor sich die Begriffe *David von Michelangelo*, die wir in der Regel schon fertig mitbringen, mit dem Sinneseindruck verbinden.

Wir haben beobachtet, wie sich schon im ersten Blick etwas vollzieht, nämlich eine Unterscheidung von Hell und Dunkel. Das ist doch eine enorme Leistung, wenn man sich das erstmal klarmacht. Woran sieht man denn, dass es hell und dunkel ist? Wir sehen hier eben plötzlich eine Art Wirkung, die den Blick nach oben zieht und das Ganze erfassen lässt.

Manche Leute haben den Eindruck, dass sich ihre Augen überhaupt nicht bewegen und sich die Sache auf den ersten Blick irgendwie fertig einprägt. Doch rein logisch muss diesen Begriffen, die sich erst nach dem Erblicken dieses Bildes einstellen, etwas vorausgehen, was sinnlich dieselben in die Richtung *David von Michelangelo* leitet. Doch dafür sind wir zunächst blind. Wir erwischen es nicht, weil wir so daran gewöhnt sind, die Begriffe fertig mit uns zu haben. Wir sehen auch die Möglichkeit nicht, den Prozess, wie wir an die Begriffe gelangen, als solchen wahrzunehmen, weil es gewöhnlich so blitzschnell abläuft. Auch ist das Anschauen dieser weltweit bekannten Figur schon so begriffsgeleitet, dass unbemerkt bleibt, was im Sehen neu erfahrbar wird. Und deswegen bitte ich Sie, ohne jegliche Vorwarnung, nun ein weiteres Bild von einem Werk Michelangelos zu betrachten. Beobachten Sie auch hier, wie Ihnen das zu Bewusstsein kommt.

3,4 I (Vorherige und nächste Seite), Michelangelo, **David**, 1501–1504

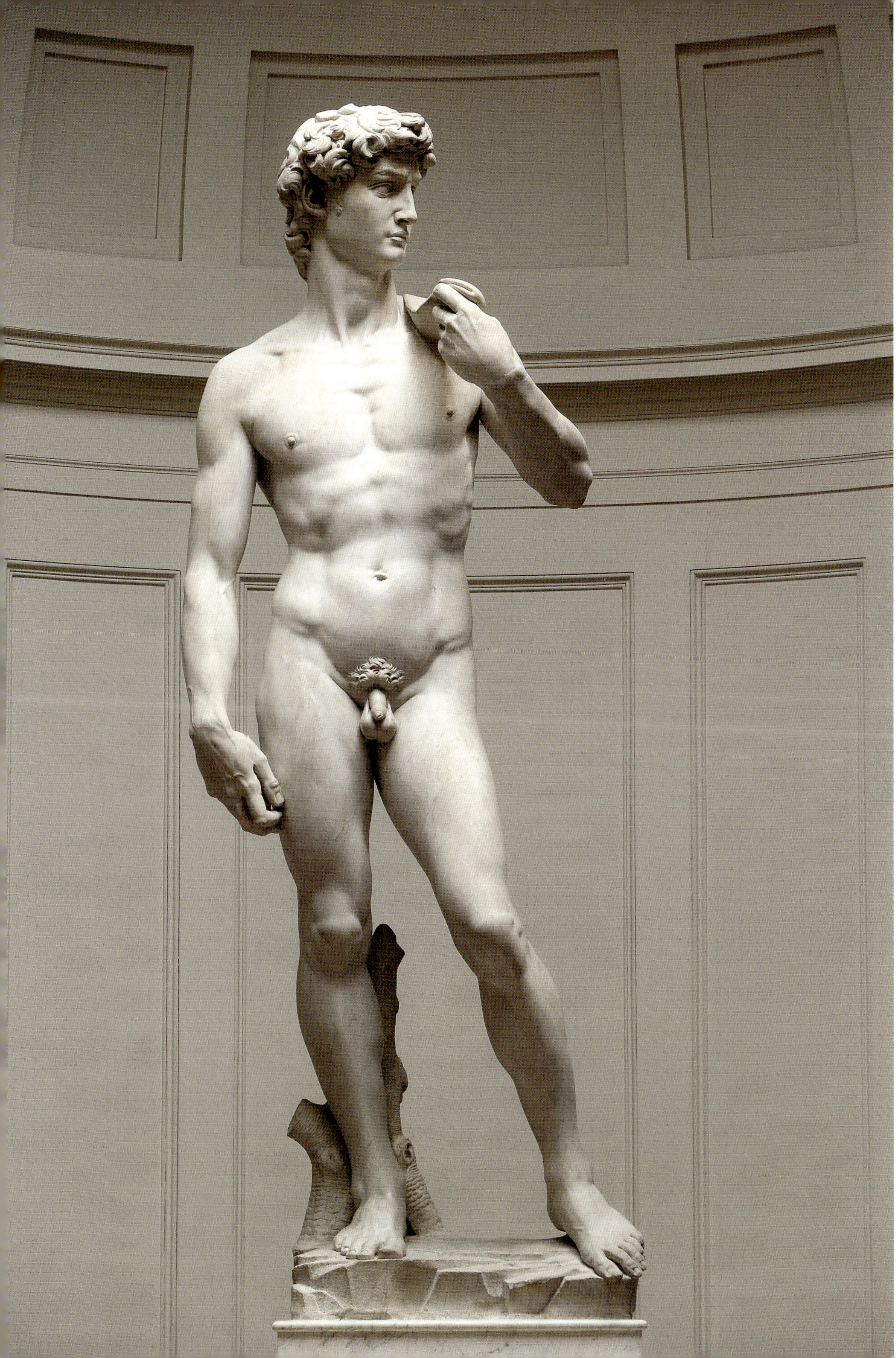

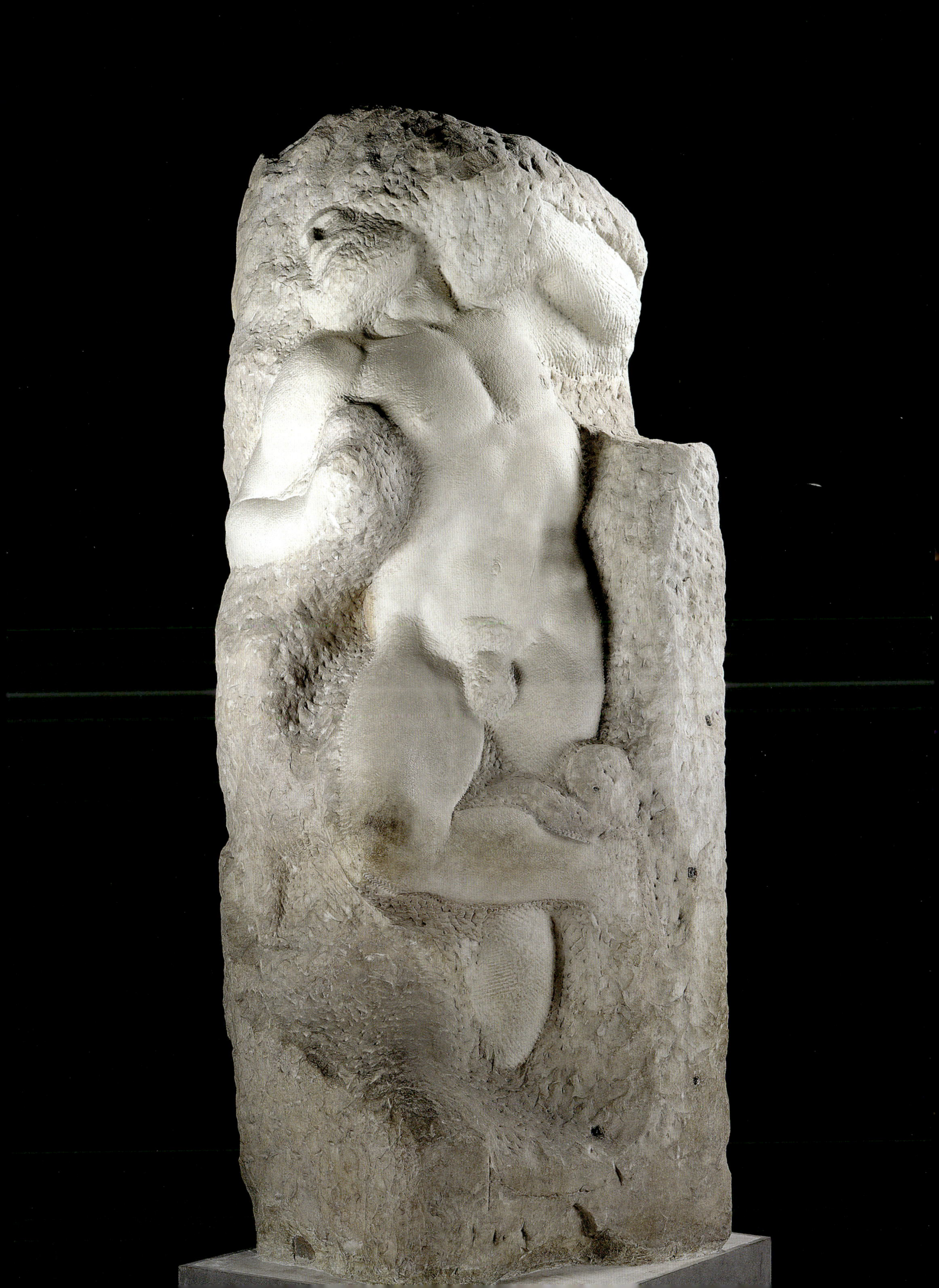

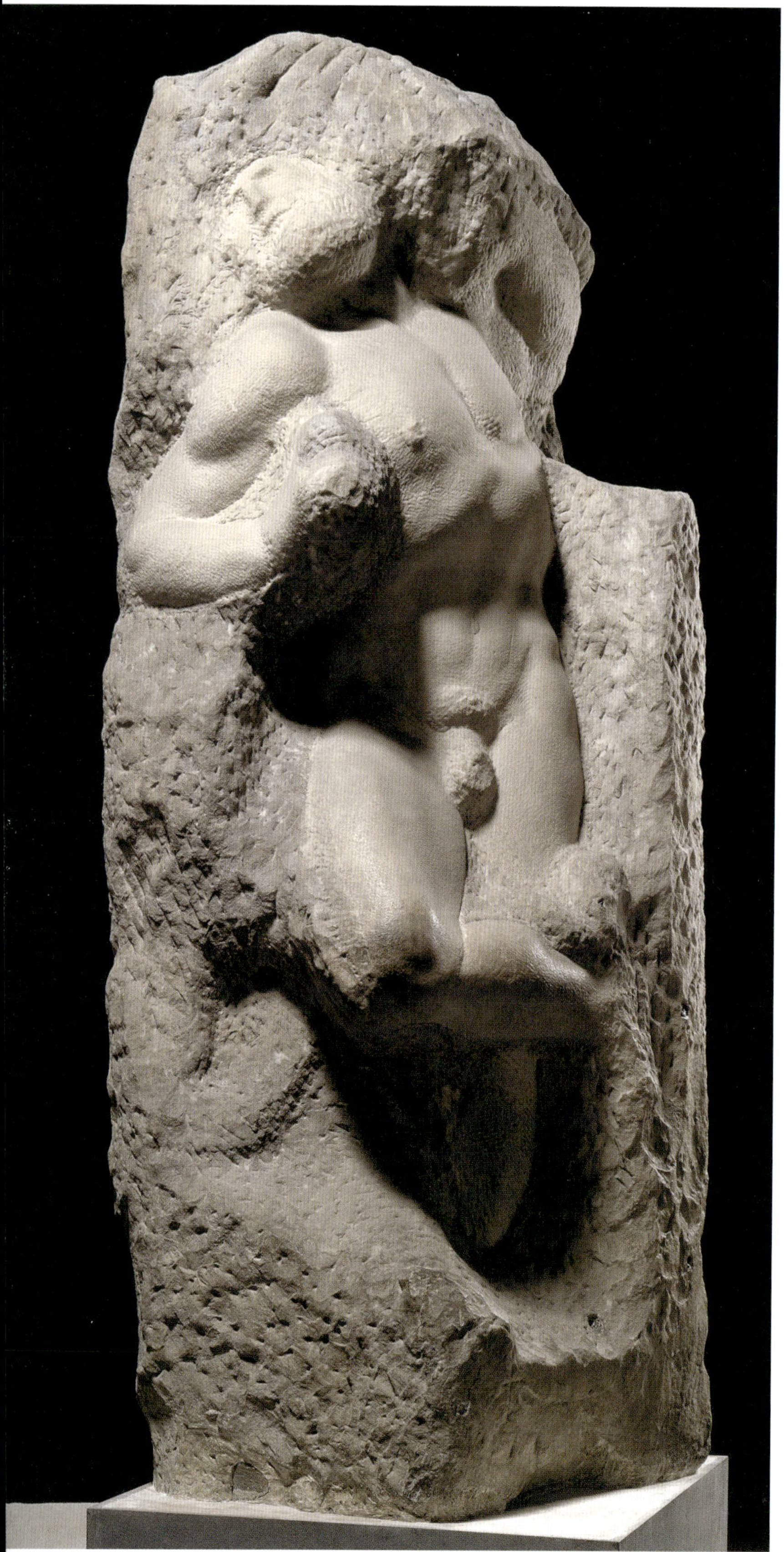

Jetzt kommt wieder die Grundfrage jeder künstlerischen Erkenntnis: Fällt Ihnen irgendein Unterschied auf? Und wenn ja, worin besteht dieser?

„Hier ist mir nicht auf den ersten Blick hin verständlich, was ich sehe." Und wie kommt Ihnen dieses Kunstwerk zu Bewusstsein?

„Es hat mehr Ausdruck, es scheint bewegter, aber es hat auch länger gedauert, bis ich zu einem Begriff gekommen bin."

„Ich habe die Gestalt erst langsam aus dem Stein hervorkommen sehen. Sie hat sich daraus erst entwickelt – formlos und figürlich."

Wie geht es Ihnen jetzt? Sind Sie fertig mit dieser Entwicklung?

„Es bleibt unvollständig."

Was genau ist unvollständig? Die Figur?

„Die Arbeit als solche."

Der *David* ist eine Vollplastik und dieses Werk ist eine halbfertige Plastik: Laufen Sie um diese herum, so sehen Sie nur teilweise eine Figur, zu einem großen Teil jedoch auch noch den Steinblock, aus dem sie gemeißelt wurde. Die Italiener hatten dafür die Begriffe *finito* und *non-finito*. Hier ist natürlich das *non-finito* gegeben, und wir wollen fragen, welches Verhältnis zu *finito* und *non-finito* diese Figuren tatsächlich haben.

5, 6 | (Vorherige u. diese Seite), Michelangelo, Erwachender Sklave, 1519–20

Schon in einer ersten antippenden Beobachtung, ja bereits in der Art, wie uns hier die plastischen Werte zu Bewusstsein kommen, lassen sich sehr große Unterschiede feststellen: Mal ist der Prozess prägnant, schnell, klar, einheitlich und fertig, mal ist er allmählich wachsend, uneinheitlich, uneindeutig und unfertig. Und das *Wie* der Ausformung ist unser Thema: Wie sieht es aus? Wie kommt es zu Bewusstsein?

Wir sehen eine vollendete und eine sogenannte unvollendete Figur. Sie treten verschieden auf. Und in dieser Verschiedenheit werden wir beobachten, wie Michelangelo selbst das Verhältnis zum Stein im Laufe seiner Laufbahn neu entdeckt, neu gestaltet, neu prägt – auch für unser heutiges Sehen.

Das Merkwürdige ist ja, dass wir erst jetzt darauf aufmerksam werden, dass es sich nicht nur um andere Steine und andere Theorien handelt, sondern um andere Bewusstseinsvollzüge beim Sehen. Um das aber zu würdigen, muss man eben davon ausgehen, dass Michelangelo durchaus ein reflektierter Künstler war, der nicht einfach nur drauflosgehämmert hat, sondern sich seiner Taten sehr wohl bewusst war. Man kann nur staunen, was für ein tiefdurchdrungenes künstlerisches Bewusstsein diesen Künstler geleitet haben muss.

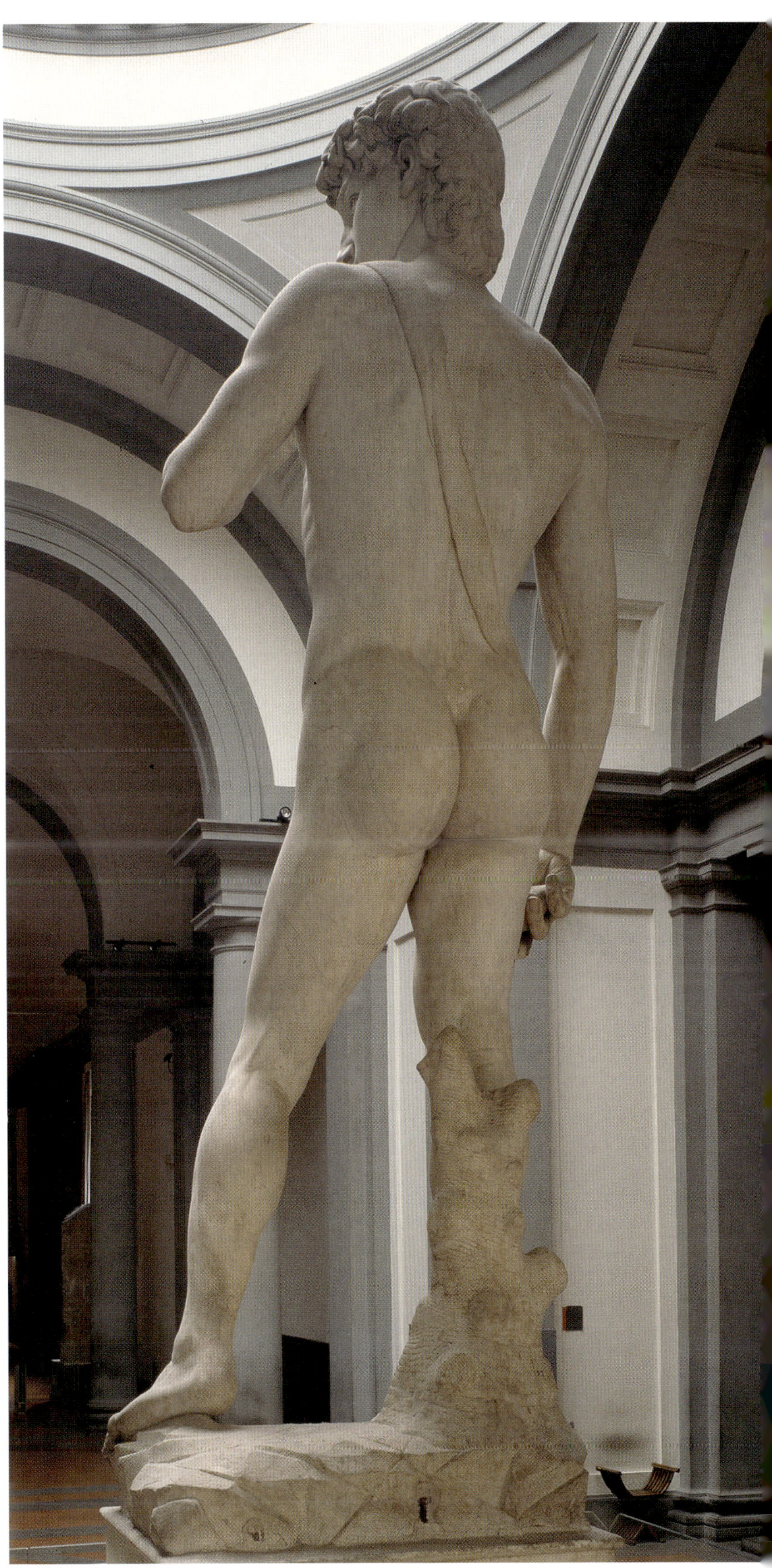

7 | Michelangelo, **David**

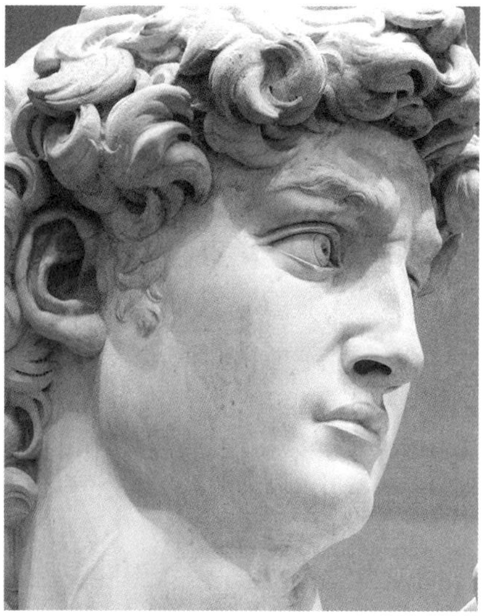
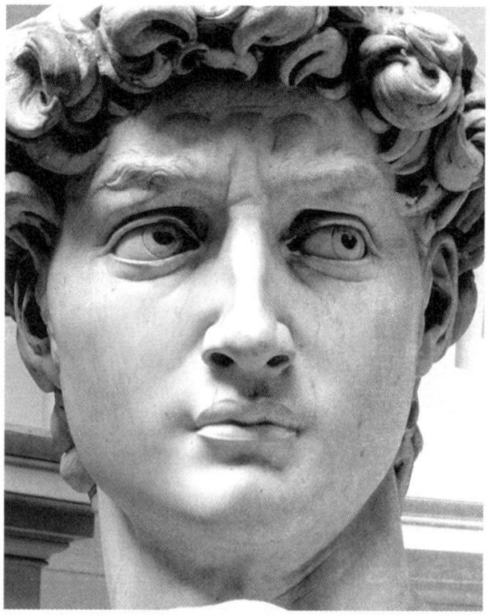
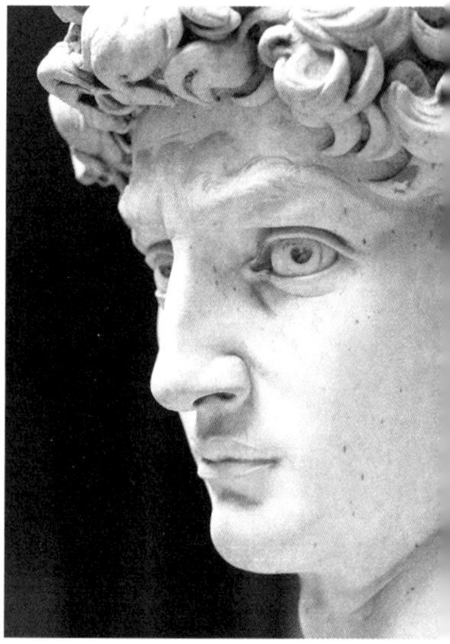
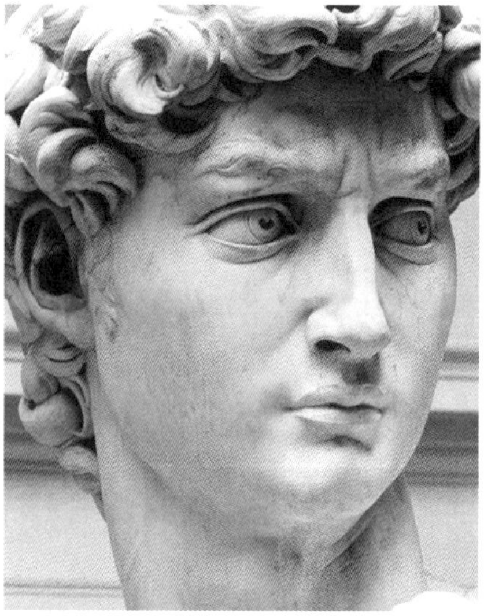
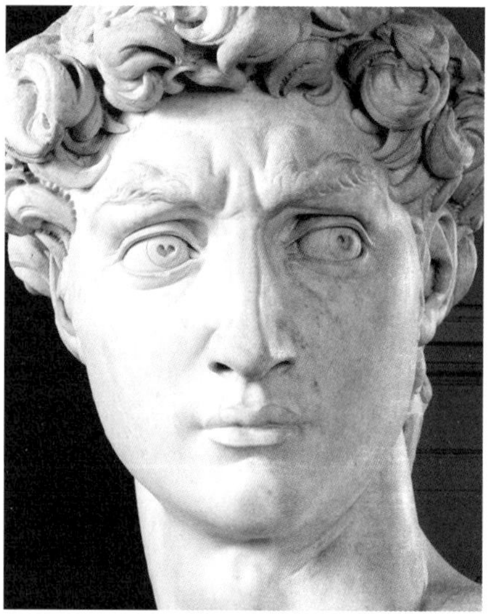
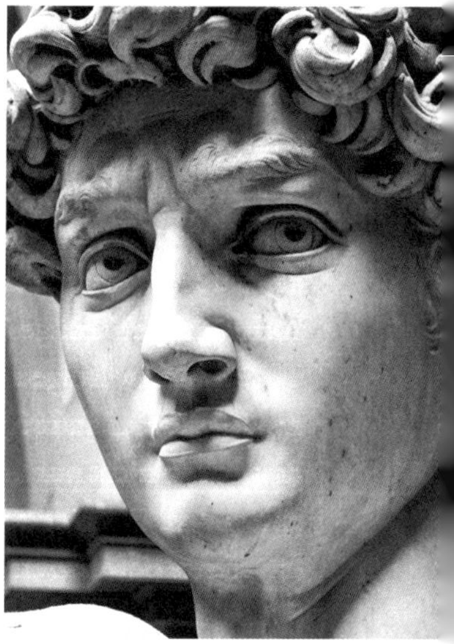
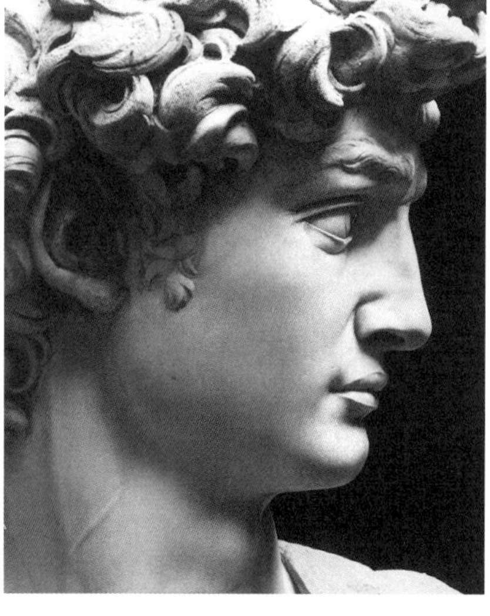
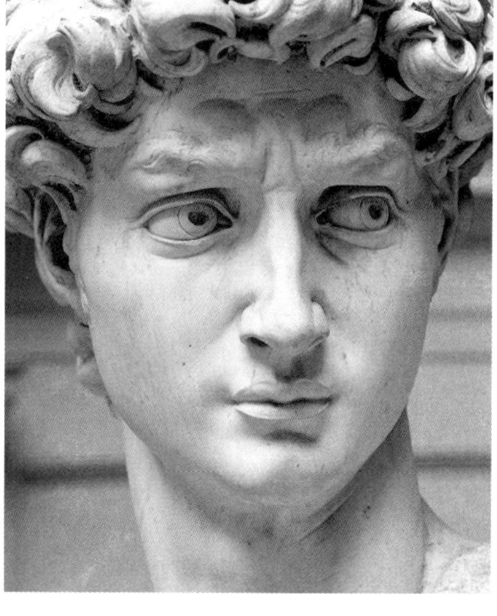
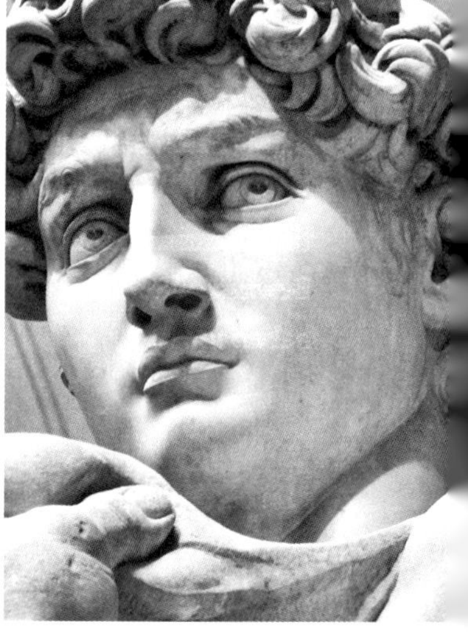

I. VOM STEIN ALS MEDIUM UND MÖGLICHKEIT NEUER SEHERFAHRUNGEN

„Was man mit der größten Arbeit und mit dem größten Fleiß, im Schweiße seines Angesichts zu erreichen suchen soll, ist, dass alles, was man mit höchster Mühe hervorbringt, so aussehe, als sei es schnell, fast ohne Anstrengung, ja, mit größter Leichtigkeit hingeworfen – der Wahrheit zum Trotz.“

8

Michelangelo

„Stellen Sie sich mal vor: Ein Stein aus Stein. Ist das nicht etwas Unglaubliches?"

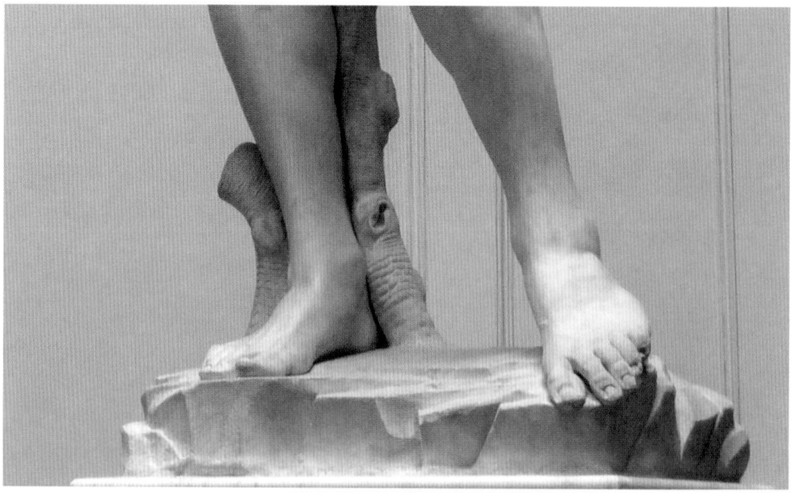

Nun möchte ich noch einmal beim *David* anfangen, beim Verhältnis zwischen Stein und Figur. Da möchte ich Sie aufmerksam machen auf das Podest. Bemerken Sie, was dieses Podest darstellt? Worauf dieser *David* steht?

„Auf Felsen."

Und aus was ist dieser Felsen?

„Der ist aus Stein."

Stellen Sie sich mal vor: Ein Stein aus Stein. Ist das nicht etwas Unglaubliches? Also der ist nicht nur aus Stein, sondern der Stein, auf dem er steht, stellt auch Stein dar. Wir sehen hier also nicht einfach einen sichtbaren Rest des Steinblocks, sondern einen Stein aus Stein.
Damit hat der Künstler ja etwas Ungeheuerliches bewirkt, dass es nämlich realer gar nicht geht. Material und Form stimmen also vollkommen überein. Das Interessante ist aber, dass die Gestaltung dieses Steines eine Eigenart hat.

Wir sehen hier nicht Stein, wie er in Carrara gebrochen wurde, sondern wie er zum Beispiel in Fra Angelicos Fresko der *Verklärung Christi* dargestellt wird. Michelangelo hat also die Art, in der man zu Beginn der Renaissance in den Bildern Steine malerisch dargestellt hat, ganz sorgfältig in Stein umgesetzt, sodass dies jetzt so aussieht, wie Steine aussehen, die einem auf Bildern begegnen, die wiederum Steine darstellen. Da kommt man an eine komplizierte logische Frage: Wie kommt man überhaupt dazu, etwas auf diese Weise anzusehen?

8 | (S. 26), Michelangelo, **Kopf der David-Statue** aus neun unterschiedlichen Blickwinkeln
9 | Michelangelo, **Plinte mit Füßen der David-Statue**
10 | Fra Angelico, **Verklärung Christi**, 1437–45

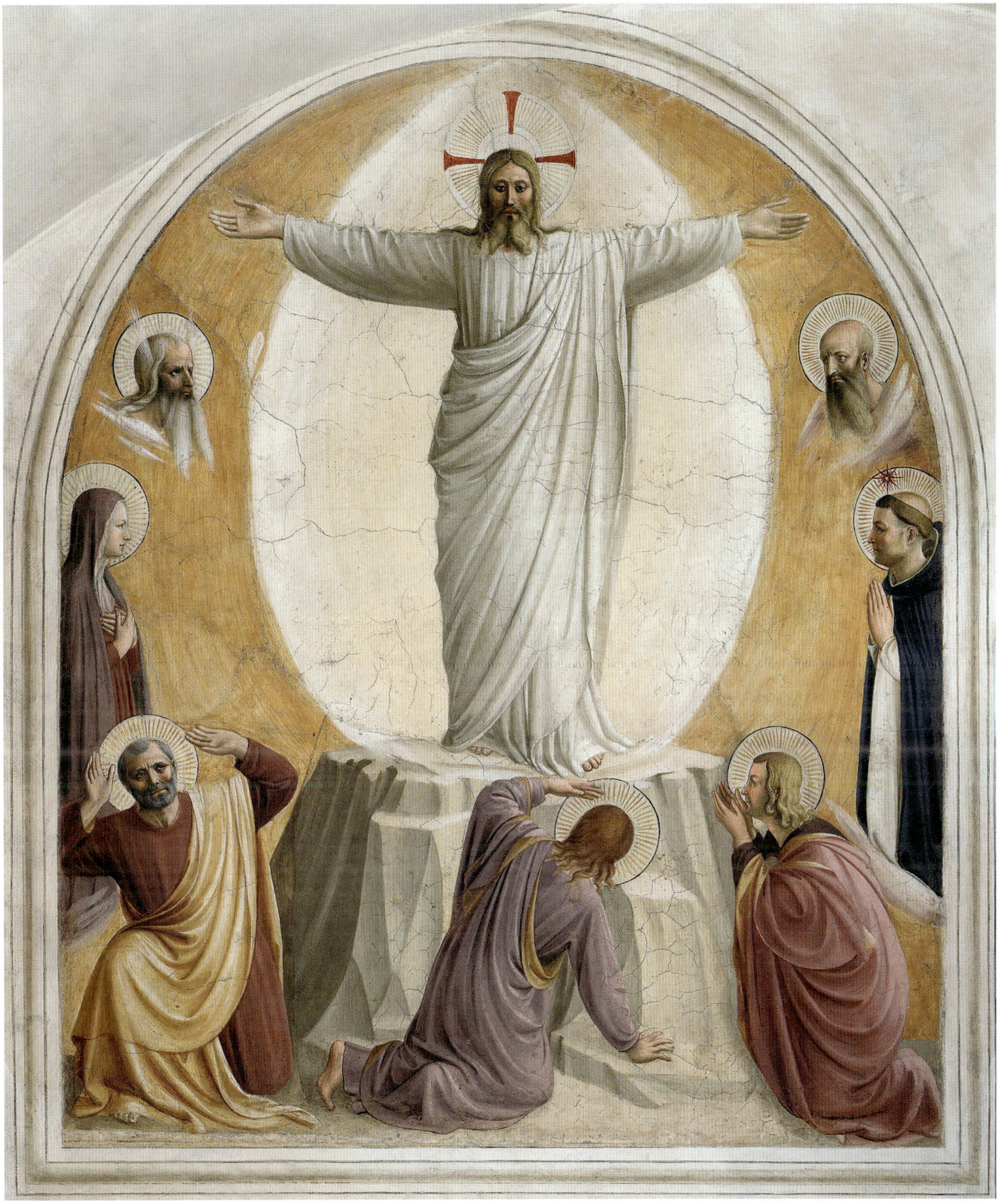

„Was ist stärker: Das Sehen der Körperteile oder das Sehen des Steines?“

Sie werden unschwer bemerken, dass hier einige Sachen ganz unweigerlich da sind. Es ist ja fast nicht anständig. Fangen wir lieber mit dem Kopf an: Wer will das nicht als Kopf sehen und das als Nabel? Oder das als Geschlechtsteil oder als Hand? Fällt Ihnen auf, dass Sie hier sagen würden: Das ist der Fuß, das ist das Knie, die Hand, die Schulter usw., obwohl Sie doch zugleich sehen, dass es Stein ist?

Jetzt kommt die größte Schwierigkeit. Wir würden den *David* gerne hier aufstellen, damit wir unsere Betrachtungen am Original machen können, doch darf diese Skulptur aus konservatorischen Gründen leider nicht mehr bewegt werden. Sie müssen jetzt so tun, als sähen Sie einen Stein. Nehmen wir also an, wir hätten das Original vor uns und Sie sähen den Stein und die Hand, die Schulter und die Knie. Was ist stärker: Das Sehen der Körperteile oder das Sehen des Steines? Was überwiegt?

„Das Sehen der Körperteile.“

„Der Stein tritt zurück.“

Wenn Sie die Beschreibungen in der Kunstgeschichte verfolgen, dann wird beim *David* wirklich ein Leib beschrieben, in allen Details, als wäre ein echter Leib vorhanden. Danach gibt es oft eine kleine Pause und dann wird betont, wie wunderbar der Künstler das gemacht hat und anschließend wird über die Machart und über die Kunst geredet. Es wird über einen schönen Jüngling gesprochen, dem die Adern so wunderbar aus der Haut treten, der seine Schleuder über die Schulter gelegt hat, der in der Hand einen Stein hält und so lässig im Kontrapost vor uns steht. Der vielleicht schon den Ansatz zu einem Schritt macht und – in sich konzentriert – nach außen blickt und was Sie sonst noch alles hören. Das ist alles ganz furchtbar richtig, aber es wird ein Leib beschrieben, als wäre dieser Stein aus Fleisch und Blut. Aber genau das ist er ja nicht, denn die Adern führen nicht ins Innere hinein, sondern die Kurvaturen, Wölbungen, Einziehungen und Aushöhlungen sind nur auf der Außenseite zu sehen.

11, 12 | Michelangelo, **David**

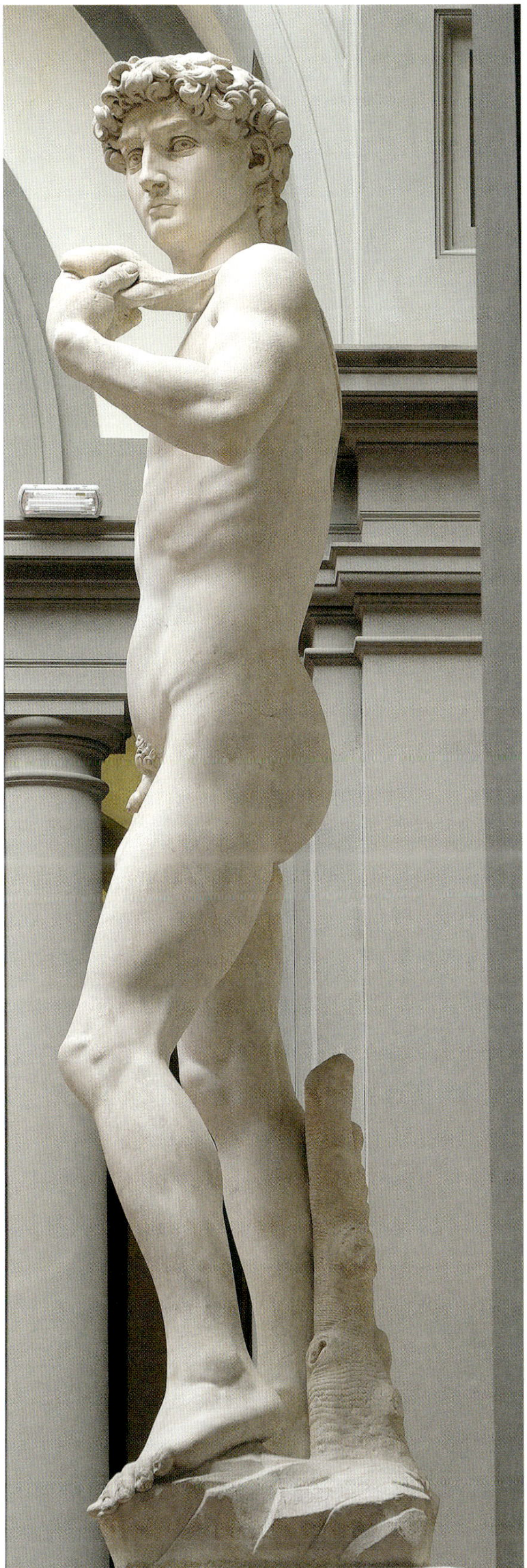

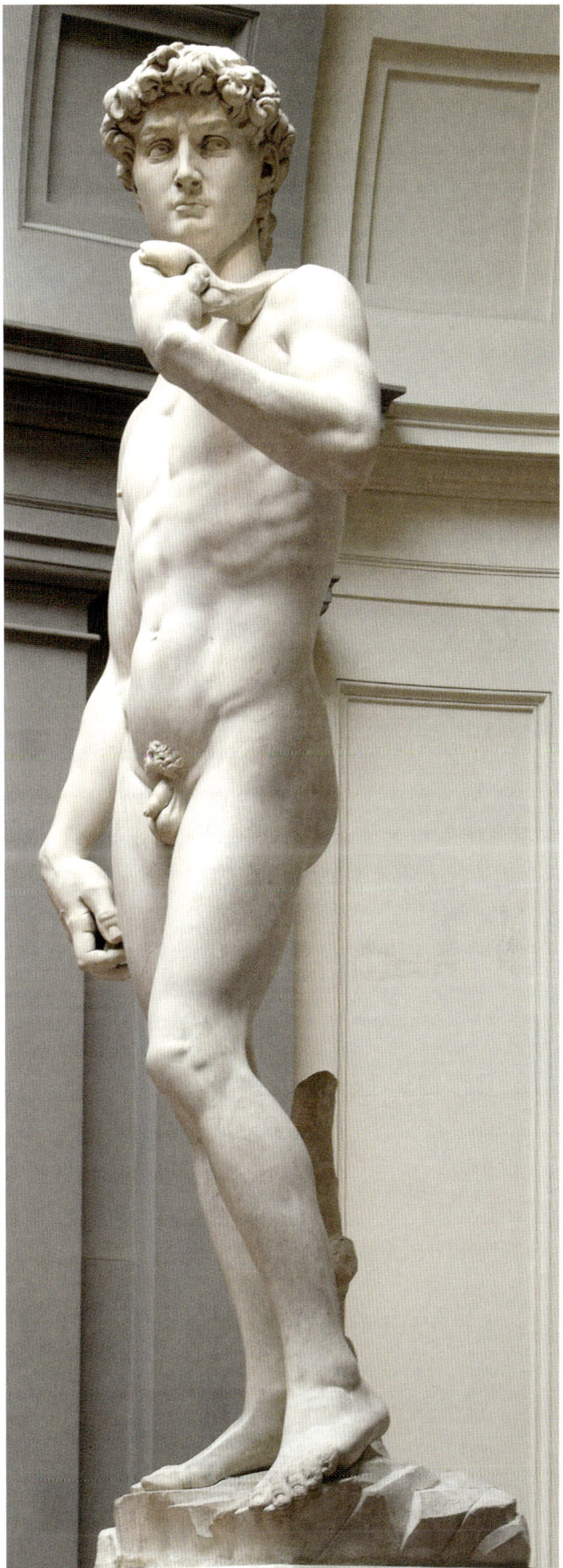

„Wir wissen, was ein Leib ist, und dieses Wissen, diese Idee vitalisiert dann unser Sehen dieser Plastik."

Wir denken, dass wir etwas in der Art schon gesehen haben, vielleicht nicht ganz so vollkommen und nicht ganz so groß, aber doch immerhin ähnlich. Wir wissen, was ein Leib ist, und dieses Wissen, diese Idee vitalisiert dann unser Sehen dieser Plastik. Das heißt, wir gehen damit um, als wäre es ein Leib aus Fleisch und Blut und argumentieren von dort aus und sagen: „Das ist organisch, das ist bewegt."

Nichts davon ist wahr. Starrer Stein ist es und trotzdem hat es den Anschein der Belebtheit, der Durchdrungenheit, der inneren Tiefe, der Ponderation, der Lebendigkeit. Alles das ist mitgedacht, von uns hinzugefügt. Den Begriff des „Leibes" bringen wir erst mit, aber es ist nicht ein Leib, sondern Stein. Und dann fragt man sich, wie Michelangelo das wohl herausgearbeitet hat, zumal der Marmorblock schon behauen war, als er ihn im September 1501 zu bearbeiten anfing.[9]

Als der *David* dann drei Jahre später auf der *Piazza della Signoria* aufgestellt wurde, kam eine unglaubliche Begeisterung auf. Sie führte dazu, dass die Menschen, die dieses Kunstwerk sahen, zu dichten anfingen und am nächsten Morgen an den Hauswänden ringsherum ihre Sonette zu lesen waren. So erzählt man es sich. Dass man dann auch über die Biografie und Genialität eines jungen Mannes spricht, der ein solch ungeheures Gebilde mit dieser Präzision der Bearbeitung aus dem Stein schlägt, ist nicht verwunderlich.

Mit dieser Erfülltheit, wo an keiner Stelle der Oberfläche irgendetwas tot wirkt, wird das Organische zum Schein, sodass wir tatsächlich nicht auf den Stein selbst gucken können. Wenn wir diesen Stein sehen, wissen wir zwar, dass es Stein ist. Aber an den Stein, aus dem die Skulptur gemacht wurde, denken wir dabei nicht, sondern nur noch daran, dass da jetzt ein Jüngling auf einem steinernen Boden steht.

13, 14 I Michelangelo, **David** (Seitenansicht)

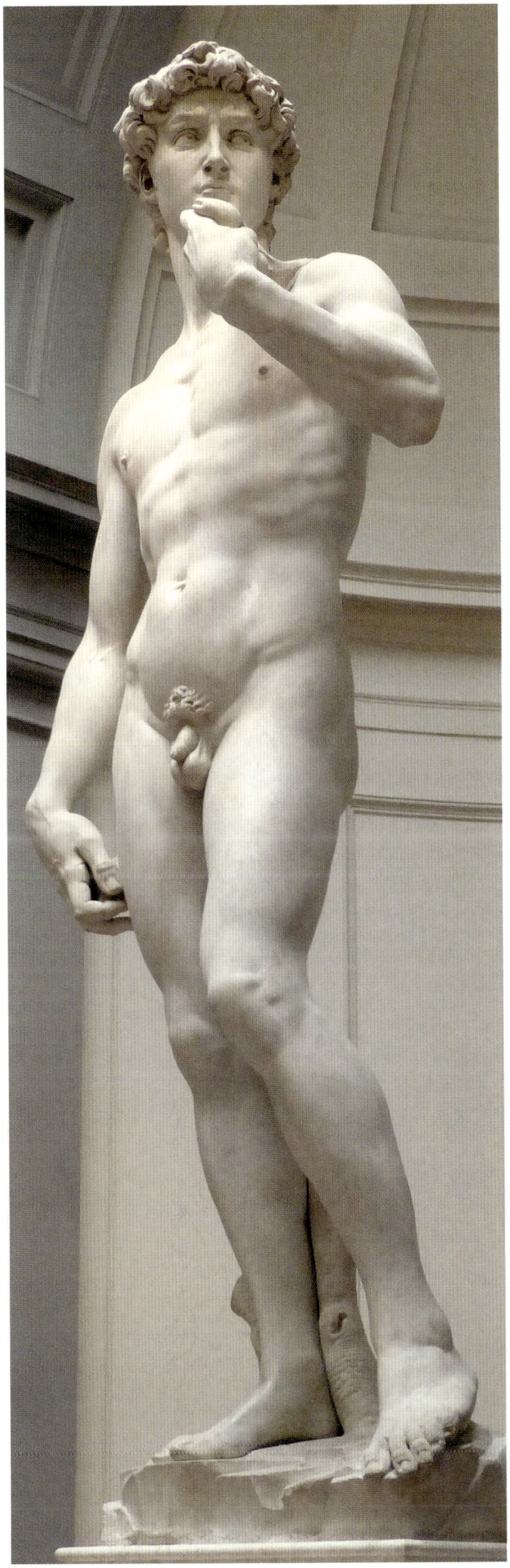

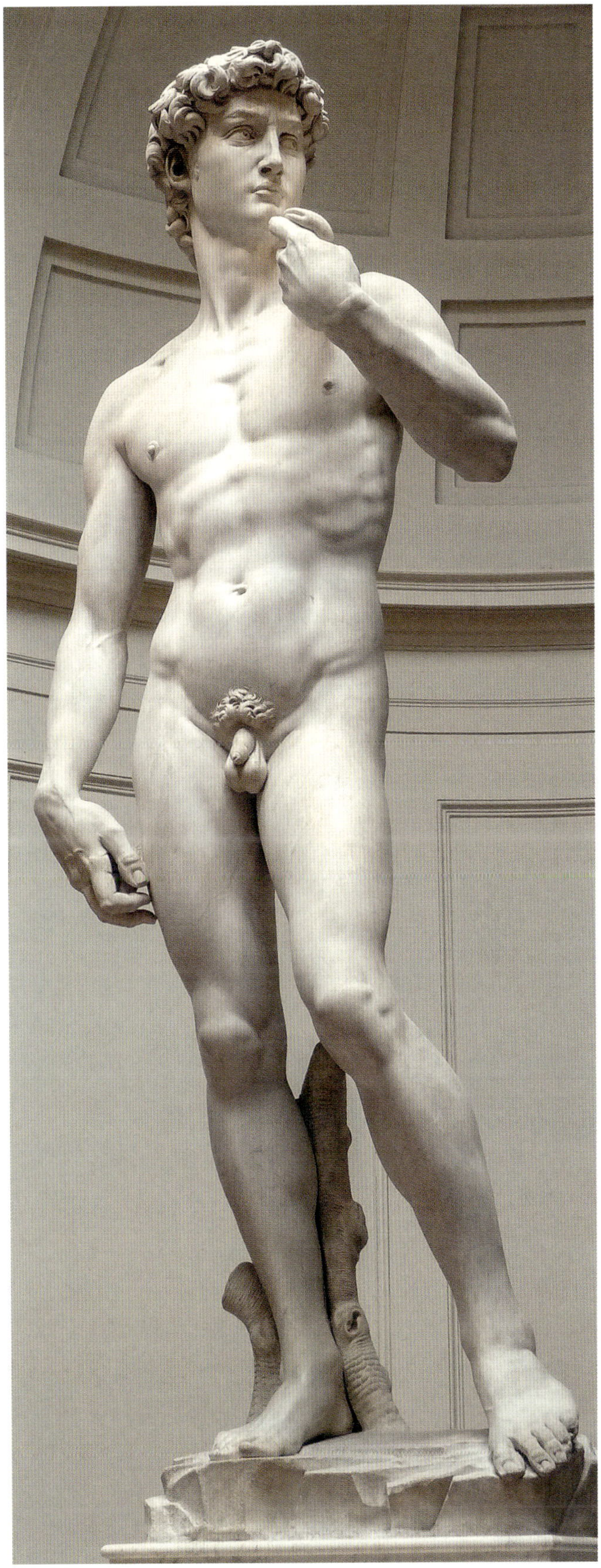

„So wird der Stein zum schieren Medium, woran zum Ausdruck gebracht wird, was vorher geistig in der Vorstellung gefasst wurde."

Auf diese Weise gelangen wir zu einer bestimmten Auffassung: Da ist die Idee, einen David zu machen, der auf einem Stein steht. Das hat der Künstler jetzt vor und das überlegt er sich. Er hat diese Idee und fängt mit Hammer und Meißel zu hauen an. Er schlägt den umgebenden Stein weg. Was übrig bleibt ist diese Figur, die sozusagen bereits vorher fertig in dem Stein verborgen lag – so fertig wie ein Mensch, der in einer Badewanne liegt, wenn die Badewanne voll Wasser ist. Wenn dann das Wasser abgelassen wird, dann bleibt der Körper allein in der Wanne übrig.[10]

Und so etwa geschah es mit dem Stein: Der Stein ist praktisch eine mit Wasser gefüllte Badewanne, in der diese Figur enthalten ist. Jetzt braucht der Künstler nur das Wasser abzulassen, also ringsherum das Material wegzuhauen, dann bleibt schließlich die Gestalt übrig, die anfängliche Idee. Letztere wird in den Stoff eingeformt, und sie ist so präsent, dass der Künstler an seiner Idee nichts mehr ändern muss. So wird der Stein zum schieren Medium, woran zum Ausdruck gebracht wird, was vorher geistig in der Vorstellung gefasst wurde. Dieses Modell besagt, dass die geistige Vorstellung präfiguriert ist, vorher also ihre Gestalt findet und sich dann in den Stoff einprägt. Das Material ist nach dieser Auffassung ein reines Nebenprodukt. Wenn es schön weiß ist, ist es gut. Aber es bedeutet für sich genommen nichts, es wird vollkommen überwunden, löst sich in der Idee auf und der Künstler arbeitet den Stein so um, bis nur noch die organische Gestalt da ist und sogar der Stein aus Stein neu geformt werden muss.

15, 16 | Michelangelo, **David**

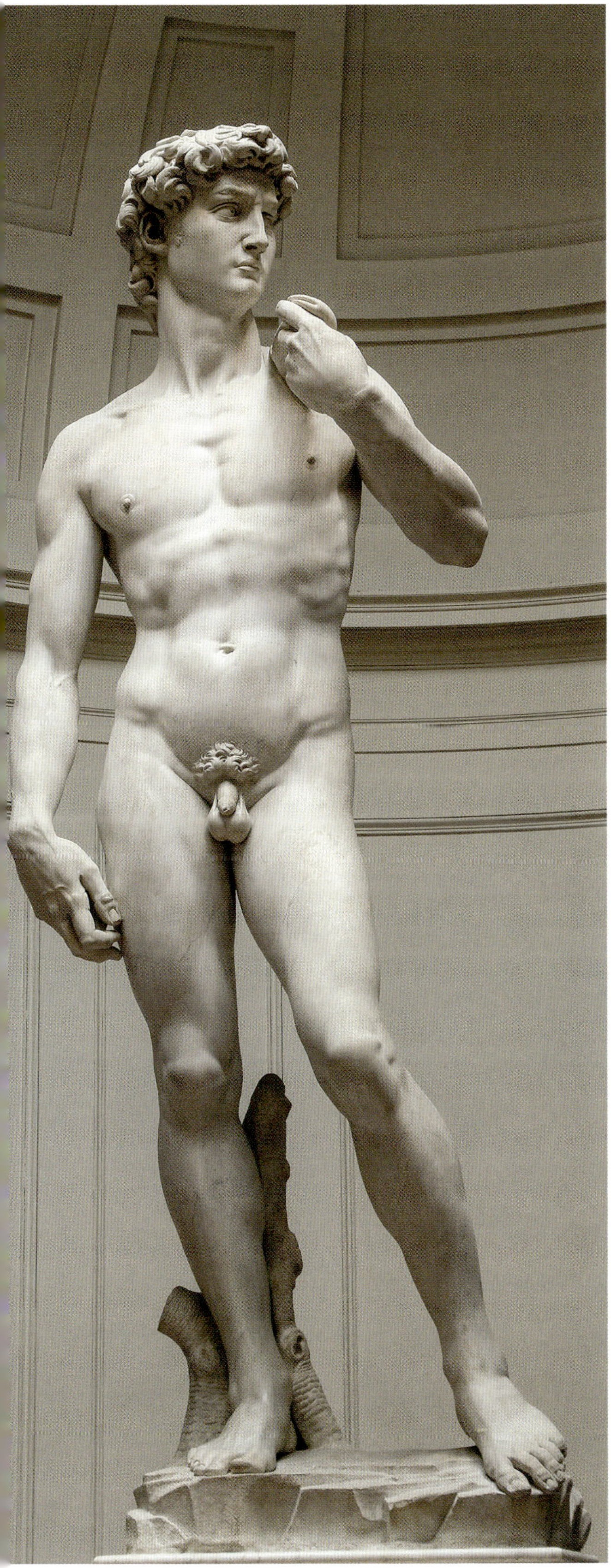
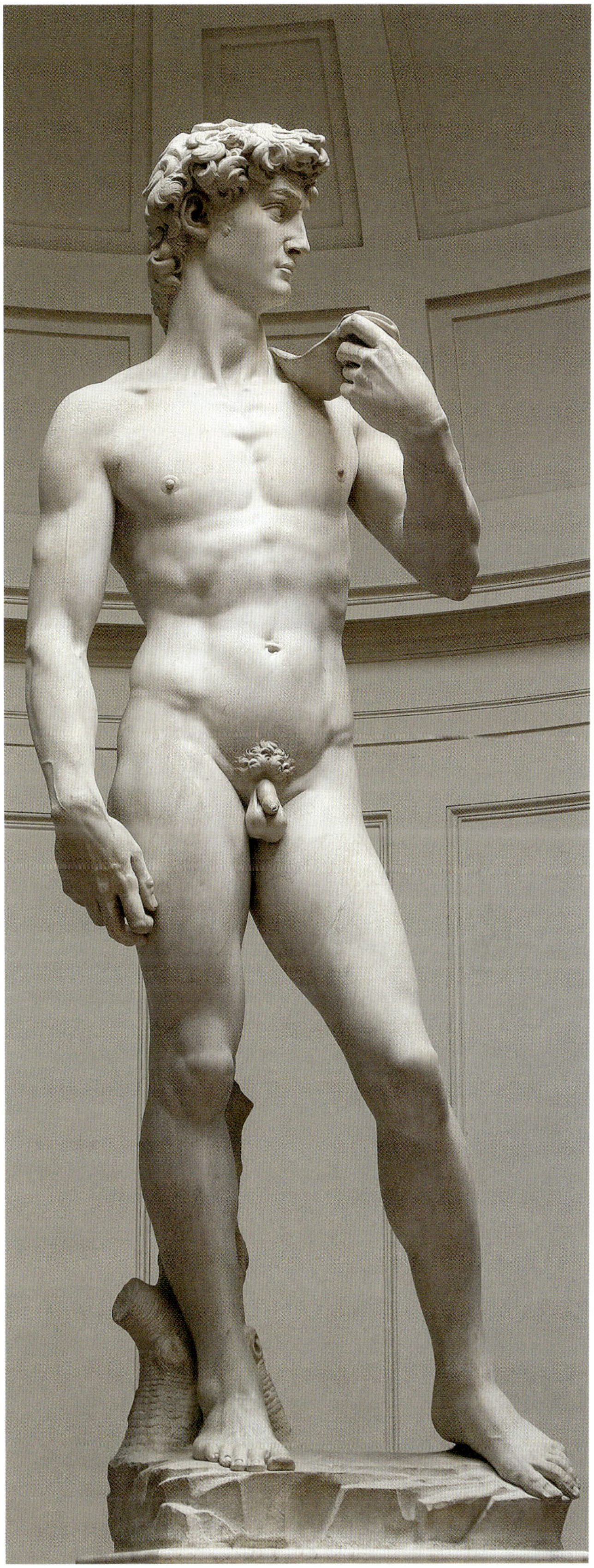

„Hatte der Stein also keine andere Aufgabe, als dass er verschwinden musste für das, was er werden sollte?"

Dies ist nun ein ungeheuer bedeutsames und auch heute noch wirksames Paradigma, nämlich die Vorstellung, dass es im künstlerischen Schaffen und überhaupt im menschlichen Leben so gehen würde, dass man eine Idee ergreift und im Stoff verwirklicht. Als käme es darauf an, den Stoff zu überwinden, sodass er selbst keine Rolle mehr spielt. Fragen Sie sich, ob nicht auch in Ihnen noch Reste von dieser Vorstellung leben.

Doch ist Michelangelo überhaupt so vorgegangen? Ist diese Figur so entstanden? Hatte der Stein also keine andere Aufgabe, als dass er verschwinden musste für das, was er werden sollte? Oder anders gefragt: Hat der Stoff nur eine Funktion, oder spricht er auch für sich? Hat er auch einen eigenen Ausdruckswert?

Heute ist dieses nahezu ungebrochene Paradigma unserer Erklärungen durch die moderne Kunst ins Wanken geraten und es stellt sich die Frage, welches Verhältnis zwischen Idee und Stein denn sonst noch möglich ist.

Hätte Michelangelo denn ohne Vorüberlegungen anfangen sollen? Das geht doch gar nicht. Der muss doch wissen, was er vorhat, sonst zerhaut er das wie sein Vorgänger. Wenn wir uns mit solchen Fragen auseinandersetzen und Michelangelos Entwicklung verfolgen, dann folgen wir zugleich einem ganz neuen Verhältnis zwischen Stein und Idee, welches zwar schon immer existiert hat, uns aber so noch nicht zu Bewusstsein gekommen ist.

Wir sagten schon, dass dieser *David* in Florenz ein unglaubliches Potenzial hat, den Blick zu fesseln. Ich möchte Sie nun auf eine Möglichkeit aufmerksam machen, dieser Fesselung zu entkommen, der Illusion eines lebendigen Körpers, der Faszination für das Vitale, die in dem Stein nur einen Leib zu sehen meint. Wir werden schauen, ob wir sie durch ein anderes Sehverhalten etwas durchbrechen können.

17, 18 | Michelangelo, **David**

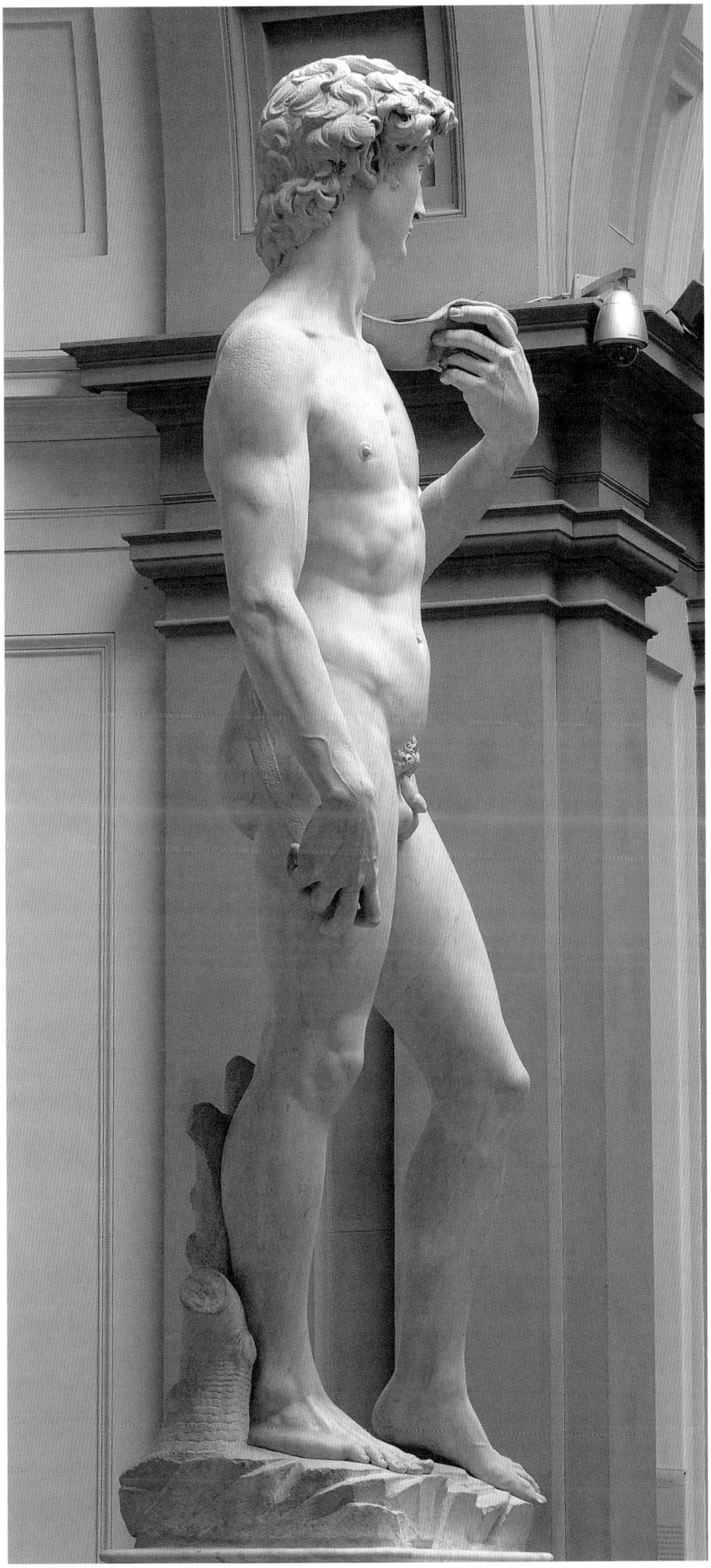

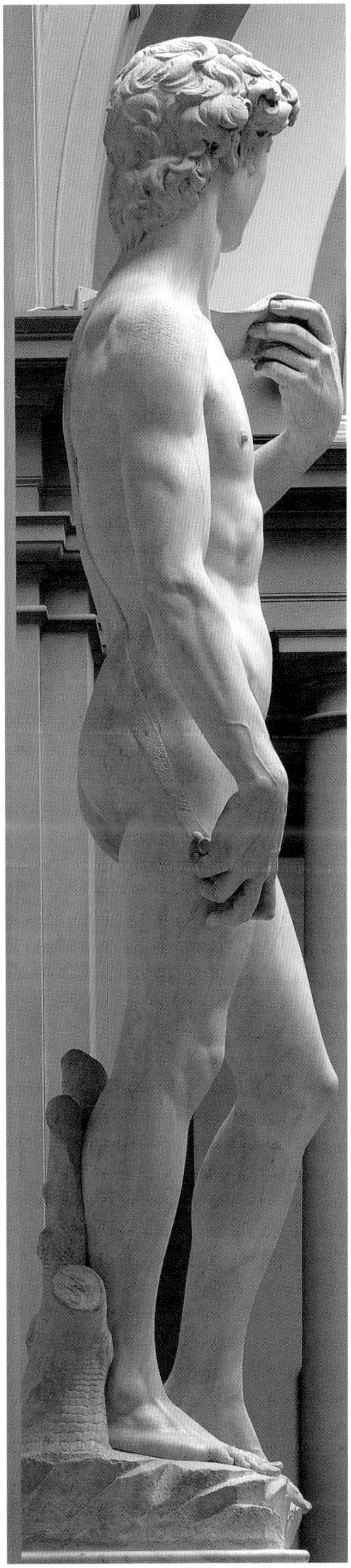

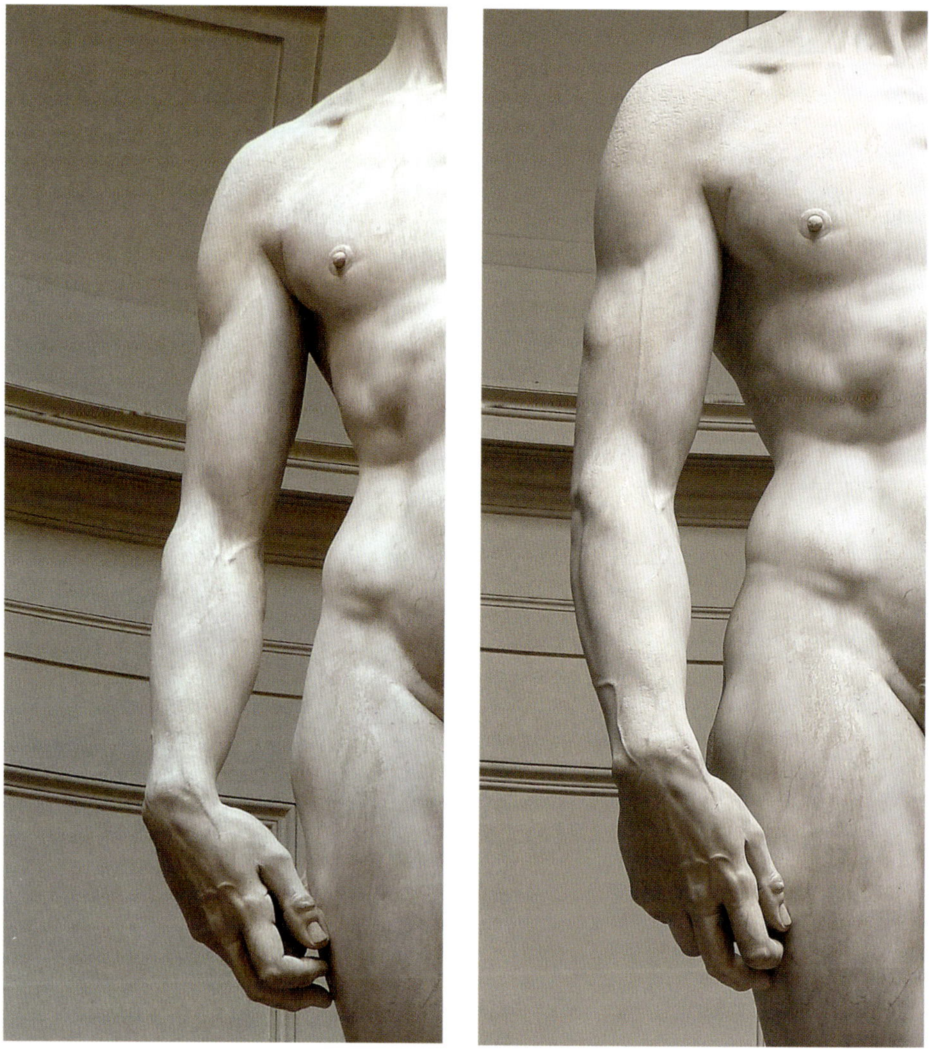

Eine Figur besteht ja nicht nur aus ihrem Material, sondern sie hat auch eine ganz interessante und wichtige Umrisslinie, die Kontur. Wenn Sie auf die Konturen des *David* einmal achten, dann erscheint sie mal gespannt, mal verdichtet, mal gestreckt – im Kleinen wie im Großen. Diese Umrisslinien sind außerordentlich sensibel und interessant, von welcher Seite man sie auch sieht, denn sie ergeben sich aus jedem Blickwinkel neu.

Wenn Sie zum Beispiel die Kontur des Oberkörpers beobachten und daneben die des Armes, dann wird dazwischen ein Ausschnitt frei, den man nicht beachtet, weil man denkt, dass das Nichts ist, also ein typisches Loch. Aber der Arm und der weitere umgebende Körper sind da.

Wenn wir nun mal auf die Eigenform achten, die der Ausschnitt annimmt, dann können wir eine Art längliches Parallelogramm erkennen, was an den Seiten ein bisschen eingebuchtet ist.

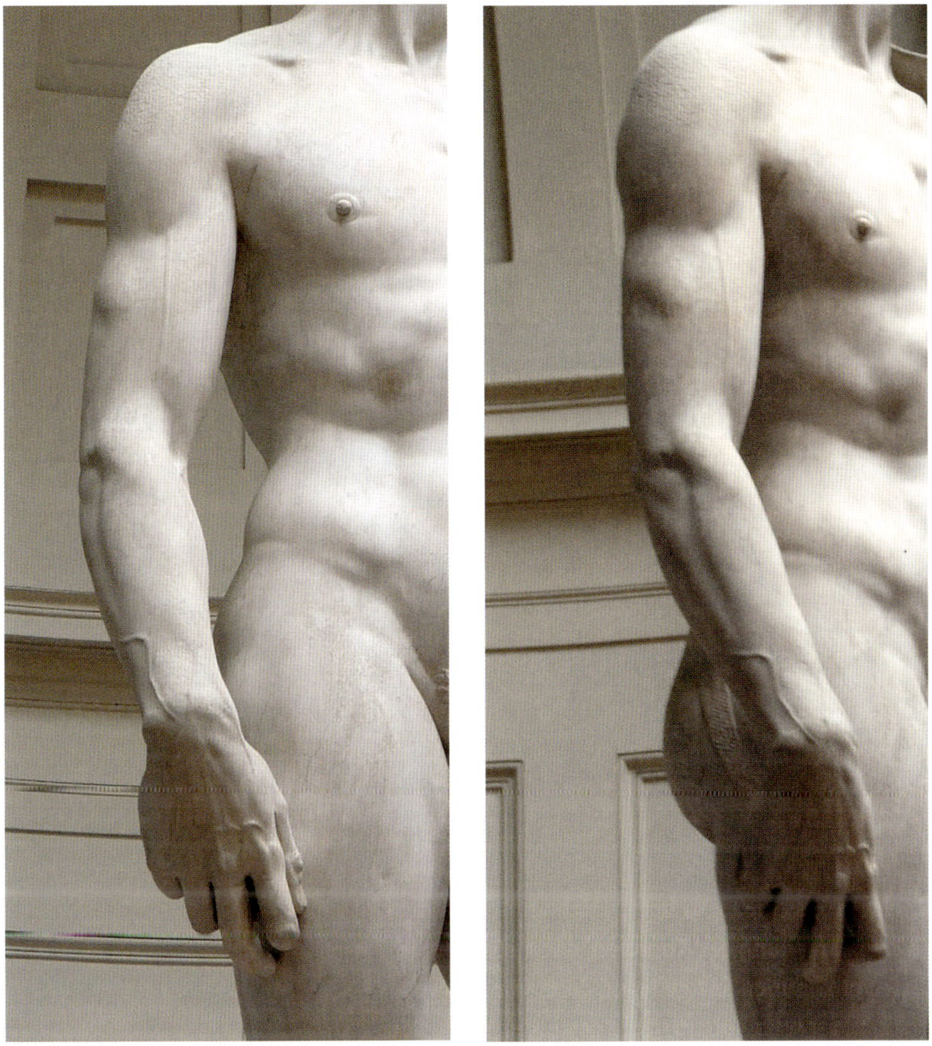

Wenn wir dann um die Figur herumgehen, sehen Sie, dass das Loch seine Form ändert, dass es aus einer Perspektive fast verschwindet und es so scheint, als würde der Arm den Körper berühren. Diese Form zwischen Arm und Rumpf ist einmal ganz offen, dann schmiegt sie sich zusammen, erscheint als ein kleiner Ausschnitt, wird dann noch einmal groß, verschwindet ganz und taucht plötzlich wieder auf. Und das, was diese Form macht aus der Sicht der die Figur umkreisenden Betrachter:innen, das ist eine ganz merkwürdige, abstrakte Bewegung – eine Art Tanz, der in der Figur an der Kontur sichtbar wird.

19 | Michelangelo, **rechter Arm der David-Statue** aus unterschiedlichen Blickwinkeln

„Aber so sollte es mir immer ergehen, dass ich durch Anschauen und Betrachten der Dinge erst mühsam zu einem Begriffe gelangen musste, der mir vielleicht nicht so auffallend und fruchtbar gewesen wäre, wenn man mir ihn überliefert hätte." [11]

Johann Wolfgang von Goethe

Wenn Sie einmal darauf achten, was um die Figur herum sich an Bewegungselementen ergibt durch die Überschneidung der Konturen, dann können Sie auch hier bemerken, dass diese vollkommen fertige Figur, derer wir infolge hundertmillionenfacher Repliken fast schon überdrüssig geworden sind, plötzlich wieder ursprünglich und interessant wird und eine ganz neue Seherfahrung bieten kann.

Wenn diese ganze Vorlesungsreihe überhaupt nichts bringt als dass sie sich den Spaß machen und bei Gelegenheit in Florenz durch die Massen wenigstens auch mal im Kreis um die Figur sich herumschieben, dann werden Sie diese Entdeckung viel intimer und viel eigener machen und selbst beobachten, dass diese fertige Gestalt ganz stark wieder übergeht in etwas Unfertiges, was ständig Anregung zu neuen Entdeckungen bietet. Sie werden sehen, dass dieses Fertige so fertig in unserem Bewusstsein gar nicht ist, wie es zunächst auftritt. Dann achtet man aber nicht nur auf den Jüngling aus Fleisch und Blut, sondern auf das, was in uns geschieht, wenn wir diese Gestalt auf uns wirken lassen.

20 | Michelangelo, **Rechte Hand der David-Statue**

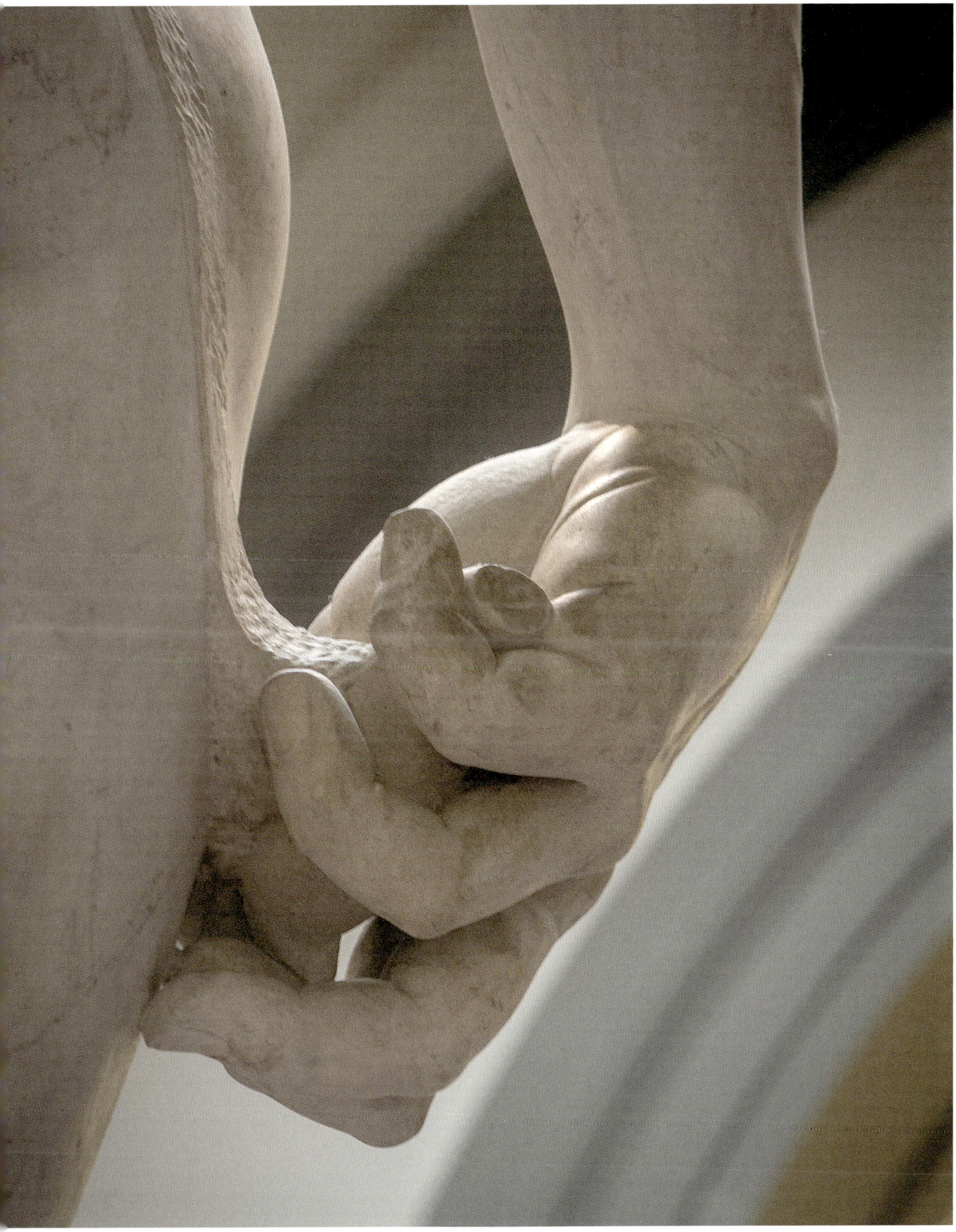

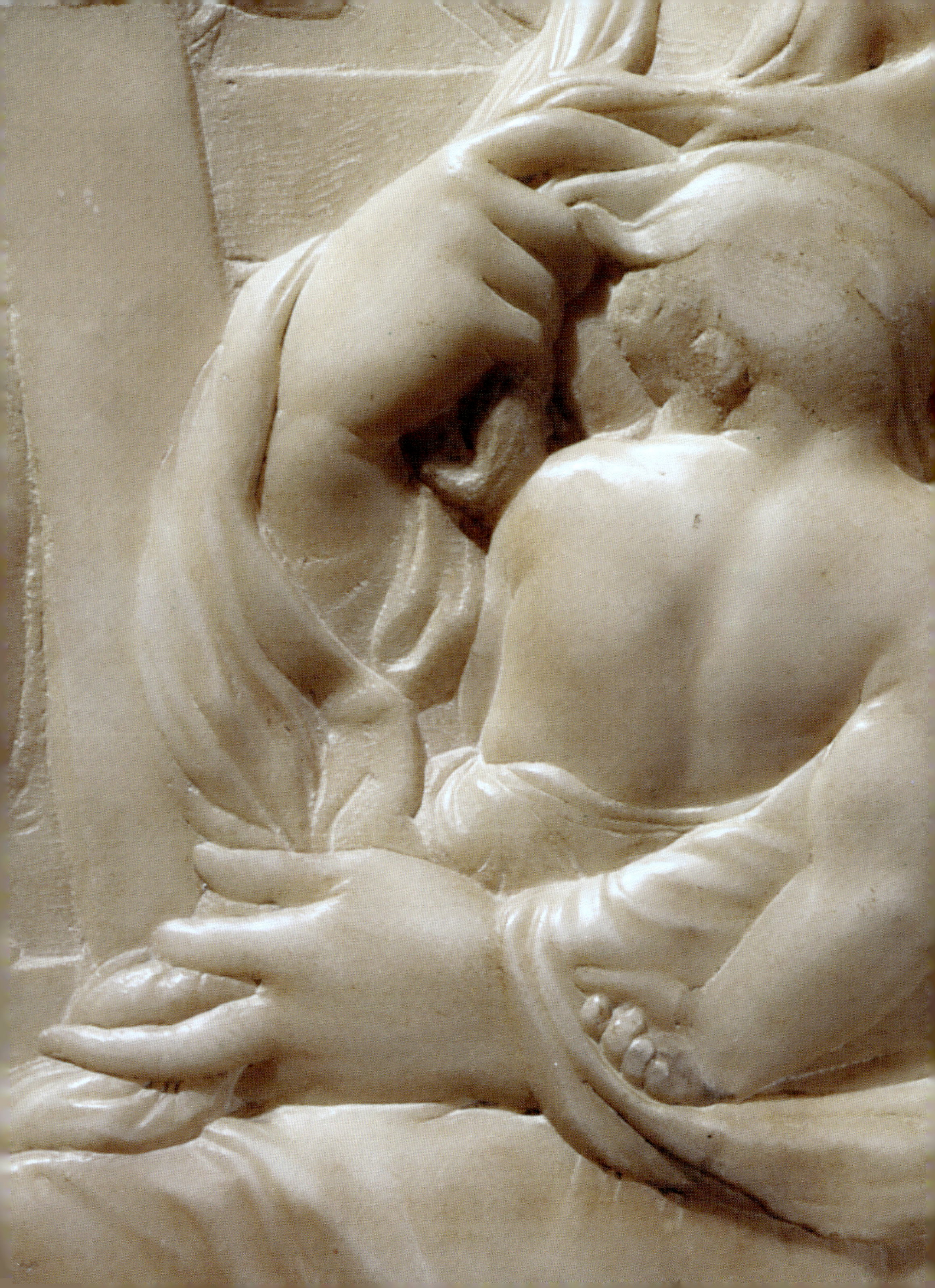

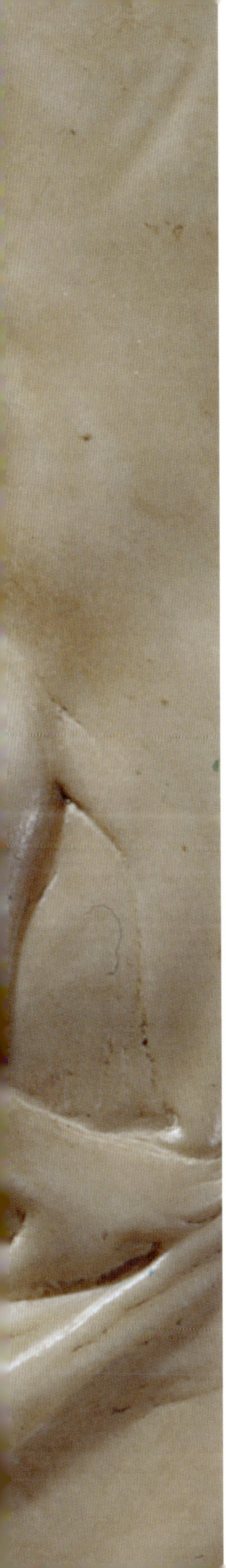

II. VON ANSCHAULICHEN CHANCEN, BEWEGUNGSERFAHRUNGEN UND EINER UMWENDUNG DER SEHGEWOHNHEITEN

„Die Werke Michelangelos vermitteln unstreitbar die reinste und erhabenste Empfindung, die man durch Kunst erfahren kann."[12]

Eugène Delacroix

Hier kommen wir jetzt zu den allerfrühesten Gestaltungen des jungen Michelangelo. Mit etwa 16 oder 17 Jahren erschuf er dieses Marmorrelief und man kann daran beobachten, wie er vorgeht. Wir haben eine klassische, in sich ruhende Ausgestaltung in der im Profil gezeigten Hauptfigur, aber man kann schon an diesem Relief ein Prinzip entdecken, auf das ich nur ganz kurz aufmerksam machen will und das in bestimmter Weise sein Schaffen ständig begleitet bis zum Ende: Dass nämlich – wenn wir mit dem Blick am unteren Rand ansetzen – dauernd Bewegungen vom Gewand ausgelöst werden, die die ganze Figur umspielen, die aber auch über die Figur hinausspringen. Es ist ein ständiges Fließen um die Gestalten herum, durch die Gewänder, die so sind, dass der Blick – geleitet durch die Linien – die Möglichkeit hat, um das Feste herum sich fließend zu verhalten. Zum anderen ist mit dieser Treppe etwas Polares gegeben: Eine Struktur, ein Takt, der hier durchgezogen wird: Rechteckige Formen, die nun einen ganz bestimmten, harmonischen Kontrast bilden zu den fließenden Formen. Dieses Eckige, Strukturierte und das Flüssige, Offene ist schon bei dem jungen Michelangelo veranlagt in diesem Gebilde, so dass beide Möglichkeiten: das Sich-Bewegen und das Ruhende, in ein ganz bestimmtes Wechselspiel gebracht werden.

„Hat sich der Künstler das so gedacht, als er das aus dem Stein meißelte?“

Das ist immer die Frage, die dann aufkommt. Selbstverständlich wissen wir das nicht, aber er hat dies hinterlassen. Und wir entdecken eine anschauliche Chance an diesem Gebilde. Die spreche ich aus. Ich unterstelle Michelangelo nicht, solche Dinge bewusst kalkuliert zu haben.

21 | (vorherige und gegenüberliegende Seite) Michelangelo, **Madonna an der Treppe**, um 1490

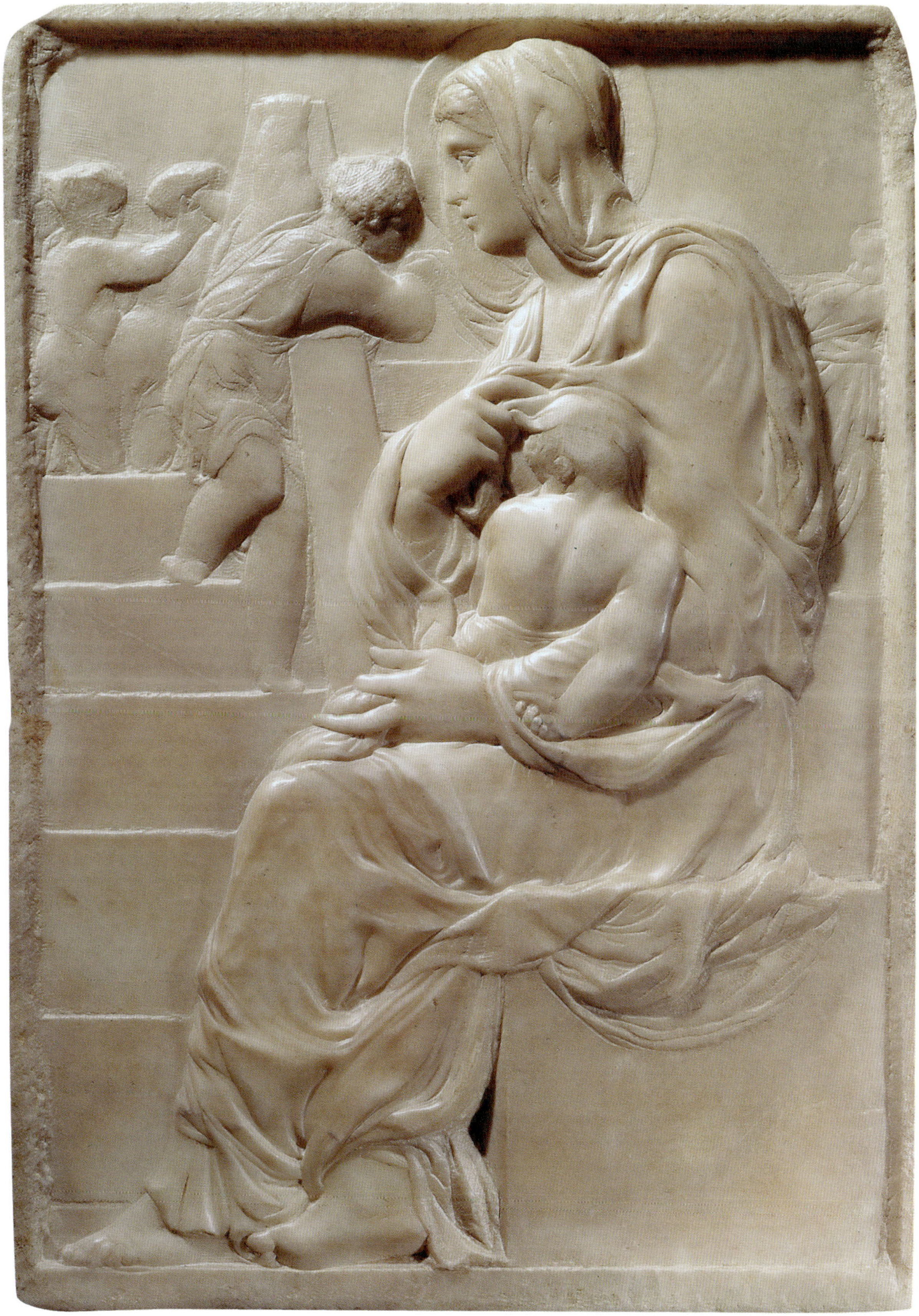

Wir sehen hier einen Ausschnitt aus einem weiteren frühen Werk. Das Relief ist nur knapp einen Meter breit und etwas weniger hoch. Es ist sehr wichtig, diesen Eindruck mitzunehmen, den man hat, wenn man dicht davorsteht. Es sind so viele Figuren darauf, dass im ersten Blick keine Möglichkeit besteht, diese sofort zu zählen, sondern nur, da mit dem Blick reinzugehen. Wir haben den Eindruck einer Fülle, es sind viele, es ist ein unglaubliches Ineinander und Gegeneinander von Figuren.

Sie sehen, in welche verschiedenen Richtungen das geht – wie die Arme hier verflochten sind ineinander, wie Zug und Druck, wie Bewegung und Gegenbewegung, Flucht und Angriff, ein Zusammenstürzen, ein Sich Aufbäumen – wie alles zur gleichen Zeit in dieser kleinen Gestaltung ausfiguriert ist. Und wie der Blick an keiner Stelle stillstehen kann, wenn das Auge sich darin bewegt.

22 | Michelangelo, **Kentaurenschlacht**, 1492 (Detailansicht)

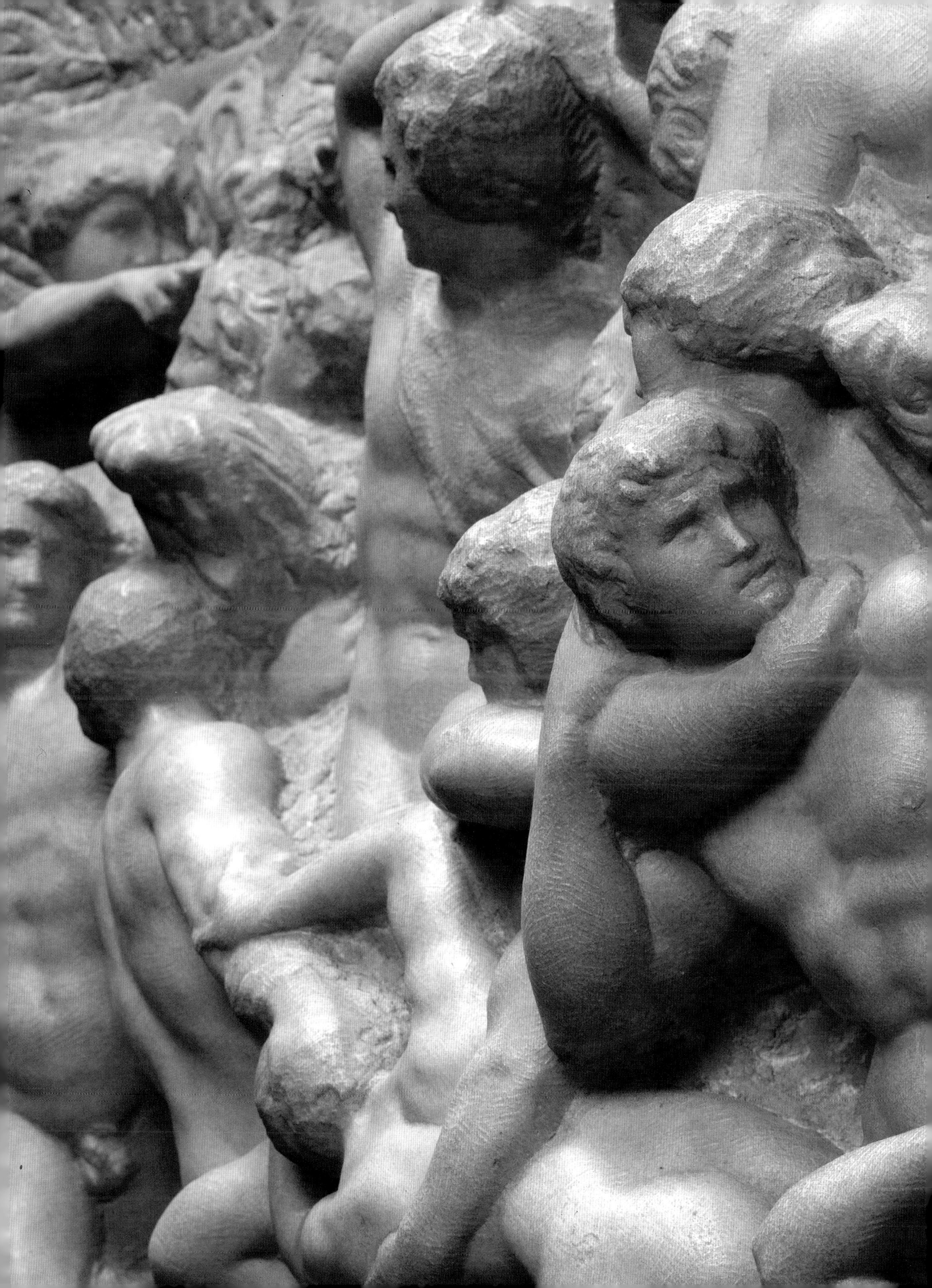

Wollen wir die Augenbewegungen beschreiben, die sich angesichts dieses Durcheinanders vollziehen, können wir die Hände zu Hilfe nehmen. Was dann die Hände beschreiben, ist eklatant, ist ein ganz lebendiges Spiel – ein Wechselspiel, über das sich sagen lässt: Das, was man bewegungshaft aus diesem Stein, der ja fertig ist und stillhält, herausholt, wenn man selbst in Bewegung kommt mit dem Blick, was man an dieser Bewegung erfährt, hat selbst den Charakter dessen, was hier thematisch zu erkennen ist: Das Ineinander und Gegeneinander einer Schlacht.

Wenn Sie sich nun fragen, wo denn der Kentaur ist und wie das alles organisch ist, sehen Sie, dass das einigermaßen aufgeht, aber nicht ganz, denn es dominiert die Bewegungserfahrung selber, die uns angesichts dieses Steines in einen Prozess nimmt, der selbst schon darstellt, was die Figuren zeigen: das Ineinander und Gegeneinander einer Schlacht.

23 | Michelangelo, **Kentaurenschlacht**

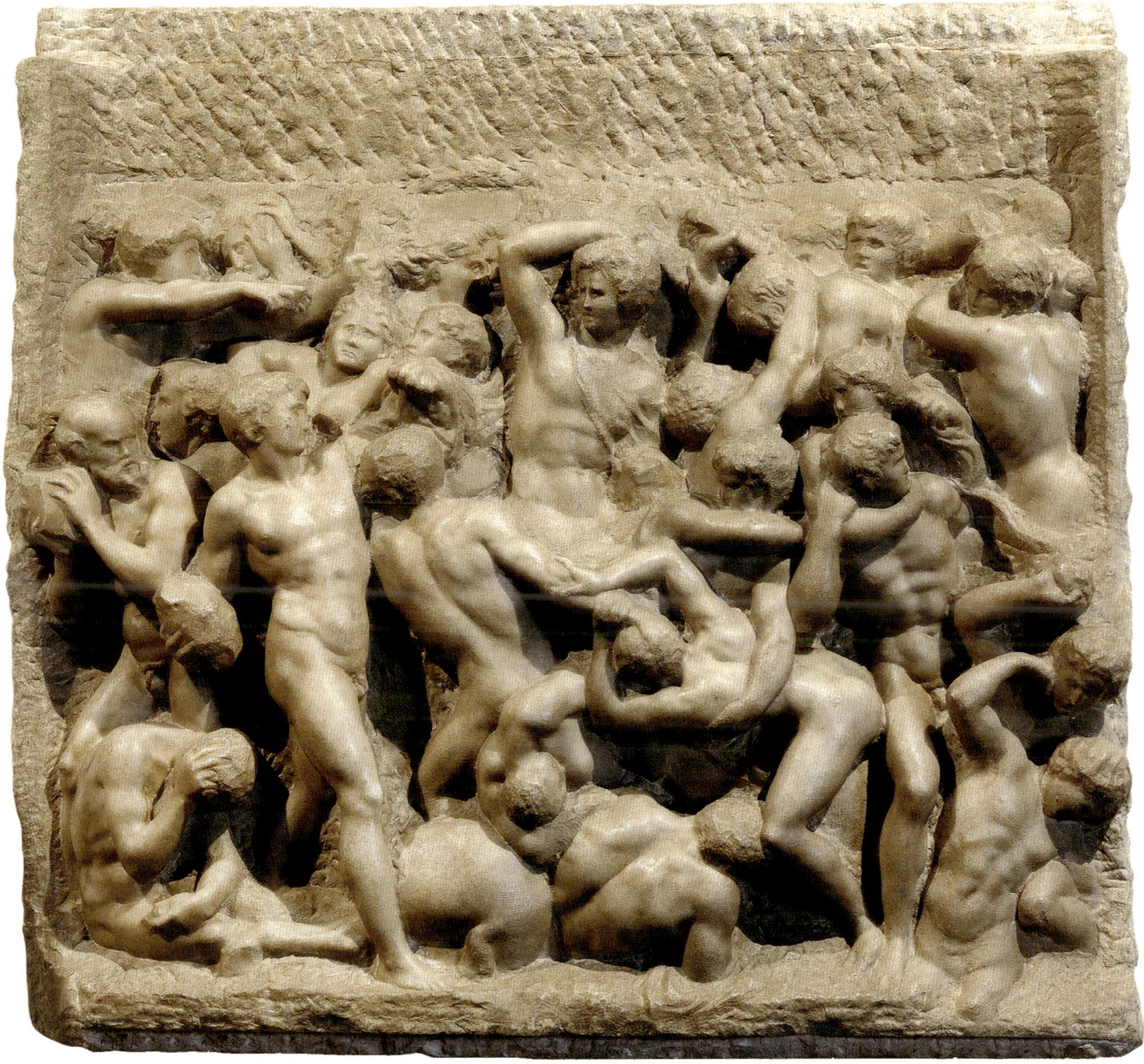

Kommen wir nun zu einem nächsten Schritt, einer weiteren frühen Gestaltung des jungen Michelangelo, dem *Bacchus*. Er hat diese Figur bereits mit 21 Jahren begonnen und ein Jahr später fertiggestellt – fünf Jahre vor seiner Arbeit an dem *David*.

Zunächst waren die Menschen fasziniert, dass er eine solche Statue in so jungen Jahren erschaffen konnte. Es wurde teilweise sogar geglaubt, das sei Betrug, oder Michelangelo hätte diese Figur irgendwo gefunden und als seine ausgegeben. Eine solche Perfektion hat niemand für möglich gehalten.

Wenn Sie diese Figur nun betrachten, können Sie sehen, dass sie perfekt gemacht ist bis hin zu den Trauben und der Trinkschale. Die Oberflächengestaltung ist ungeheuerlich ausgefeilt, der Marmor glänzt. Wir sehen unten wieder den Stein aus Stein.

Neben dieser Perfektion ist diese Gestalt auch noch ziemlich raffiniert. Von vorne gesehen bemerken Sie vielleicht, dass der *Bacchus* etwas schief guckt. Er hat den Kopf leicht nach rechts geneigt und belastet sein linkes Bein. So entsteht der Eindruck, dass er nicht ganz stabil vor uns steht, was beim Konsum einer bestimmten Menge Wein nicht so sehr verwunderlich ist und sich im wirklichen Leben ja auch beobachten lässt.

Wenn wir nun anfangen, uns um die Figur herumzubewegen, dann lassen sich wieder einige Veränderungen beobachten. Können Sie sich vielleicht jetzt schon vorstellen, was passieren wird, wenn sie diese Figur weiter umrunden? Was würden Sie bezüglich der Haltung erwarten? Wie wird sich das Verhältnis des *Bacchus* zur Figur des *Fauns* aus den unterschiedlichen Blickwinkeln darstellen?

24 | Michelangelo, **Bacchus**, 1496–1497

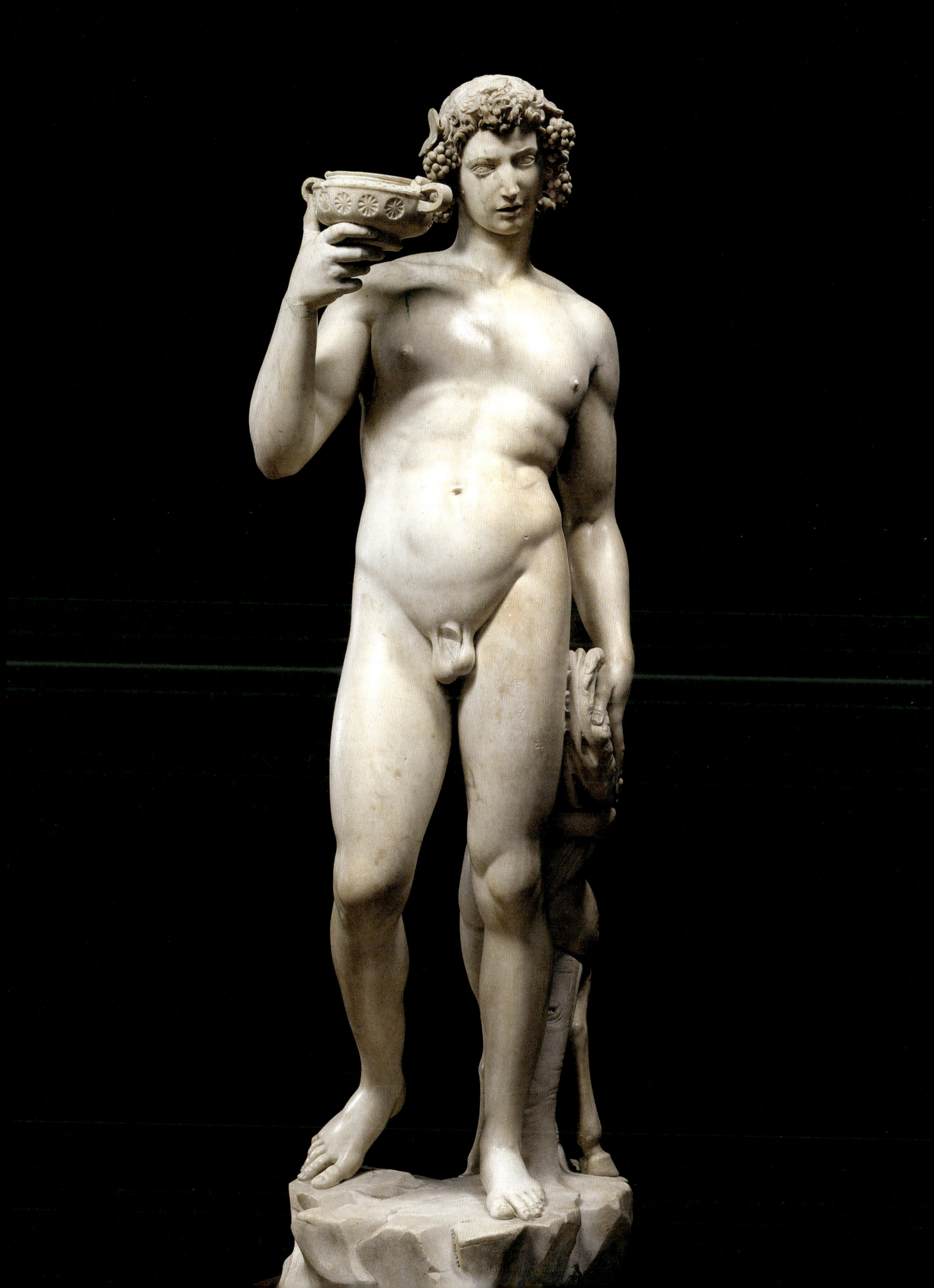

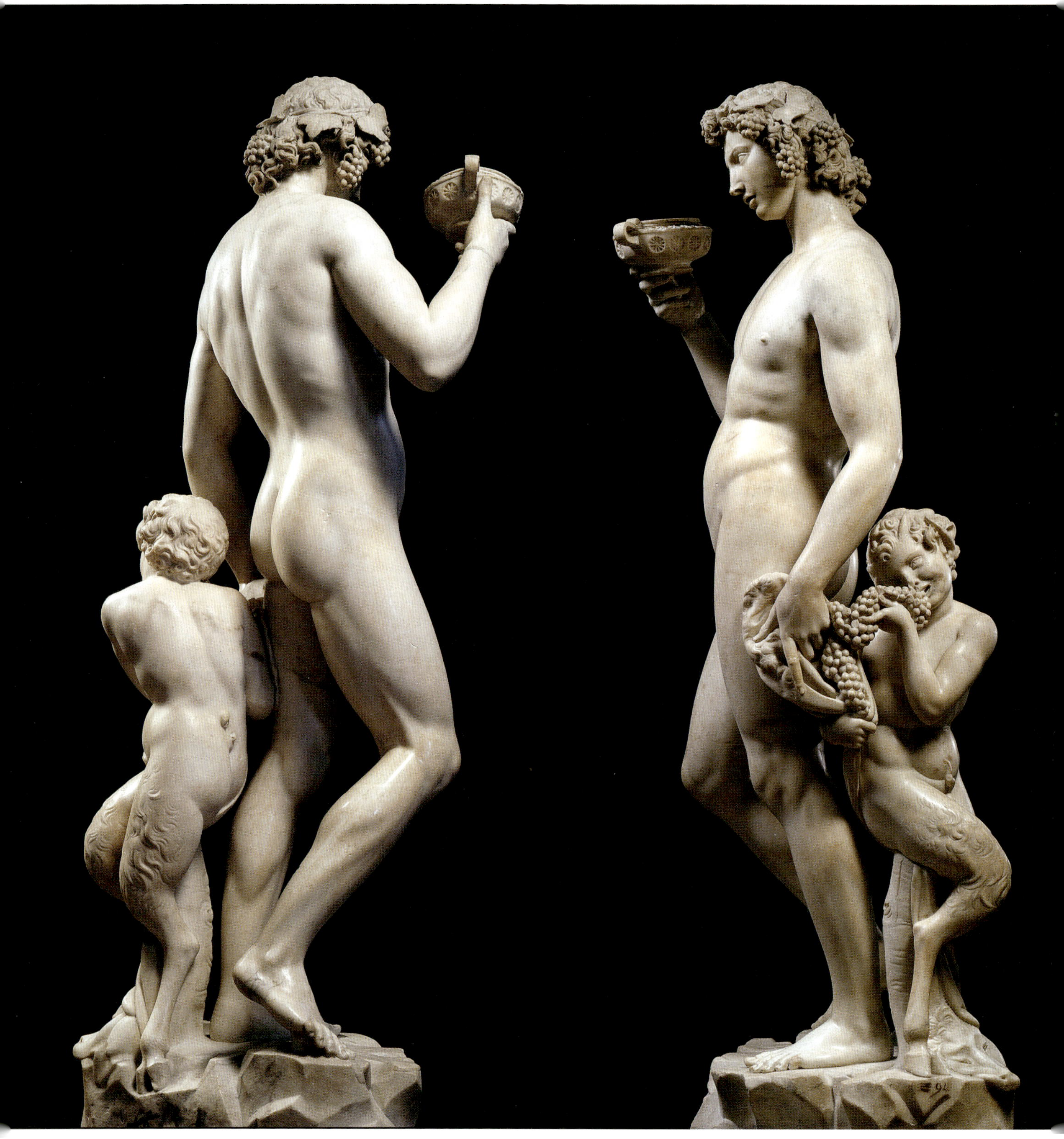

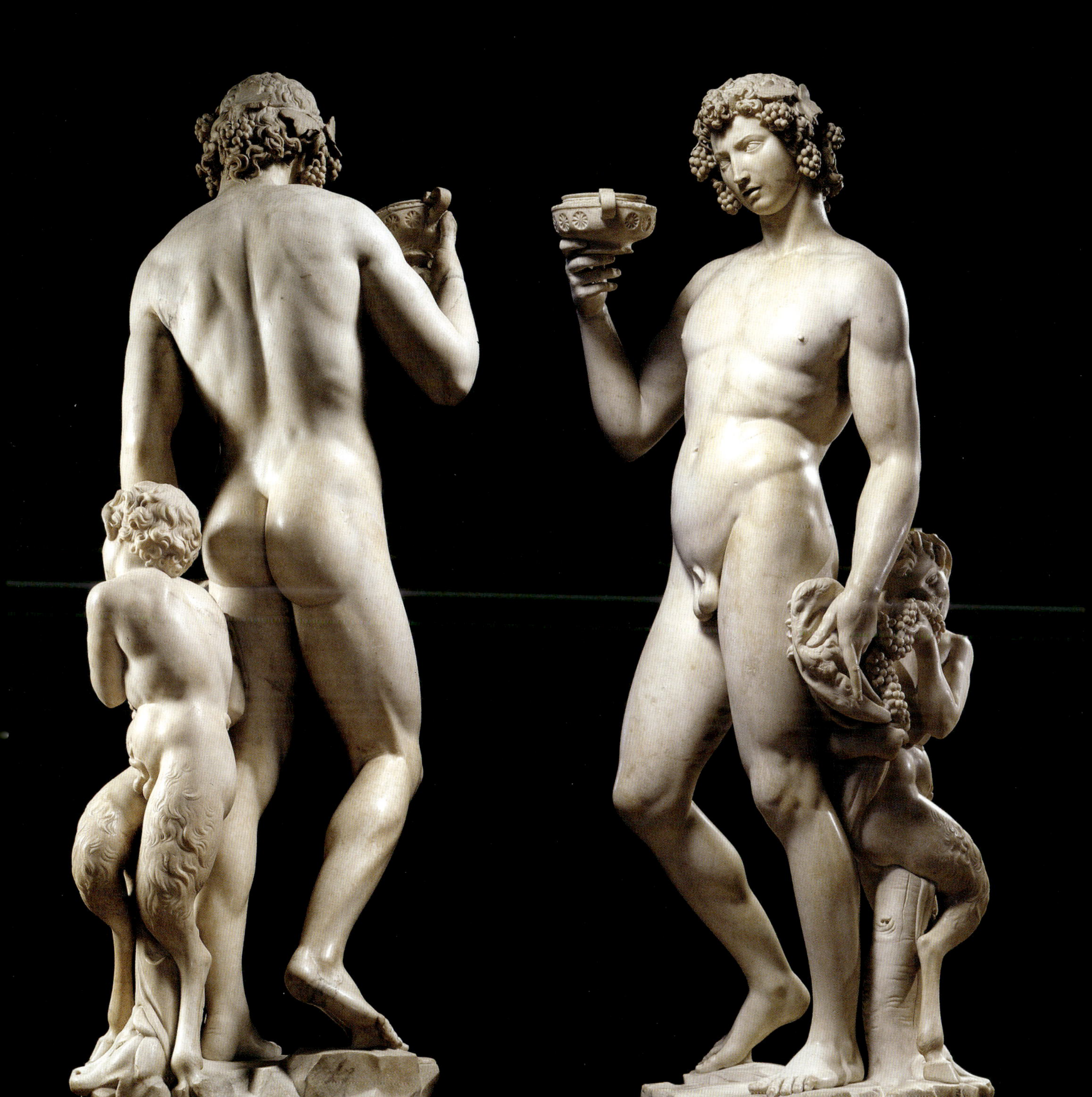

Ist Ihnen irgendetwas aufgefallen?

„Zuerst steht die Figur etwas nach rechts geneigt, dann steht sie wieder gerade, dann hängt sie nach vorne und dann taumelt sie nach hinten."

„Das Verhältnis zur Faunsgestalt ändert sich aus jeder Blickrichtung. Beim ersten Bild bleibt sie hinter dem Standbein weitgehend verborgen und tritt dann im Umgang immer mehr in Erscheinung."

Wir haben gesehen, wie diese Gestalt beim Umschreiten mehrere Gleichgewichtsaspekte verkörpert. Wenn wir unseren Gleichgewichtssinn[13], den wir mit uns herumtragen, als Maßstab für das nehmen, was wir hier sehen, dann taumelt diese Figur tatsächlich nach vorne, nach hinten und zur Seite. Der Aspektwechsel selbst ist so kalkuliert, dass die Figur wie in eine Art Vexierspiel tritt, weil sie aus verschiedenen Blickwinkeln verschieden ponderiert ist, sodass sie tatsächlich nicht nur in der statischen Haltung anzeigt, dass sie vielleicht nicht stabil steht, sondern im Umrunden zum Vorschein kommt, dass sie tatsächlich nach vorn, nach hinten und zur Seite wankt.

Wenn man auf solche Sachen aufmerksam wird, dann zeigt sich, dass diese Figur mehr ins Bewusstsein hebt als nur die Tatsache, dass das ein Bacchus – die Darstellung eines Weingotts – ist. Sie aktiviert in einer ganz bestimmten Weise die Erfahrungen unseres Gleichgewichtssinnes, sodass wir das Schwanken als Eigentätigkeit der von außen gesehenen plastischen Figur empfinden können. Das aber bedeutet eine ungeheure Umwendung der Sehgewohnheiten, dass nämlich die eigene Sinnestätigkeit an der Gestalt plötzlich wie eine Art Eigenleben von uns erfahren werden kann. Nun ist ja aber alles auch sehr vielschichtig und ich kann hier leider nur auf bestimmte Aspekte aufmerksam machen, was nicht so befriedigend ist, da die Sache viel, viel komplexer ist.

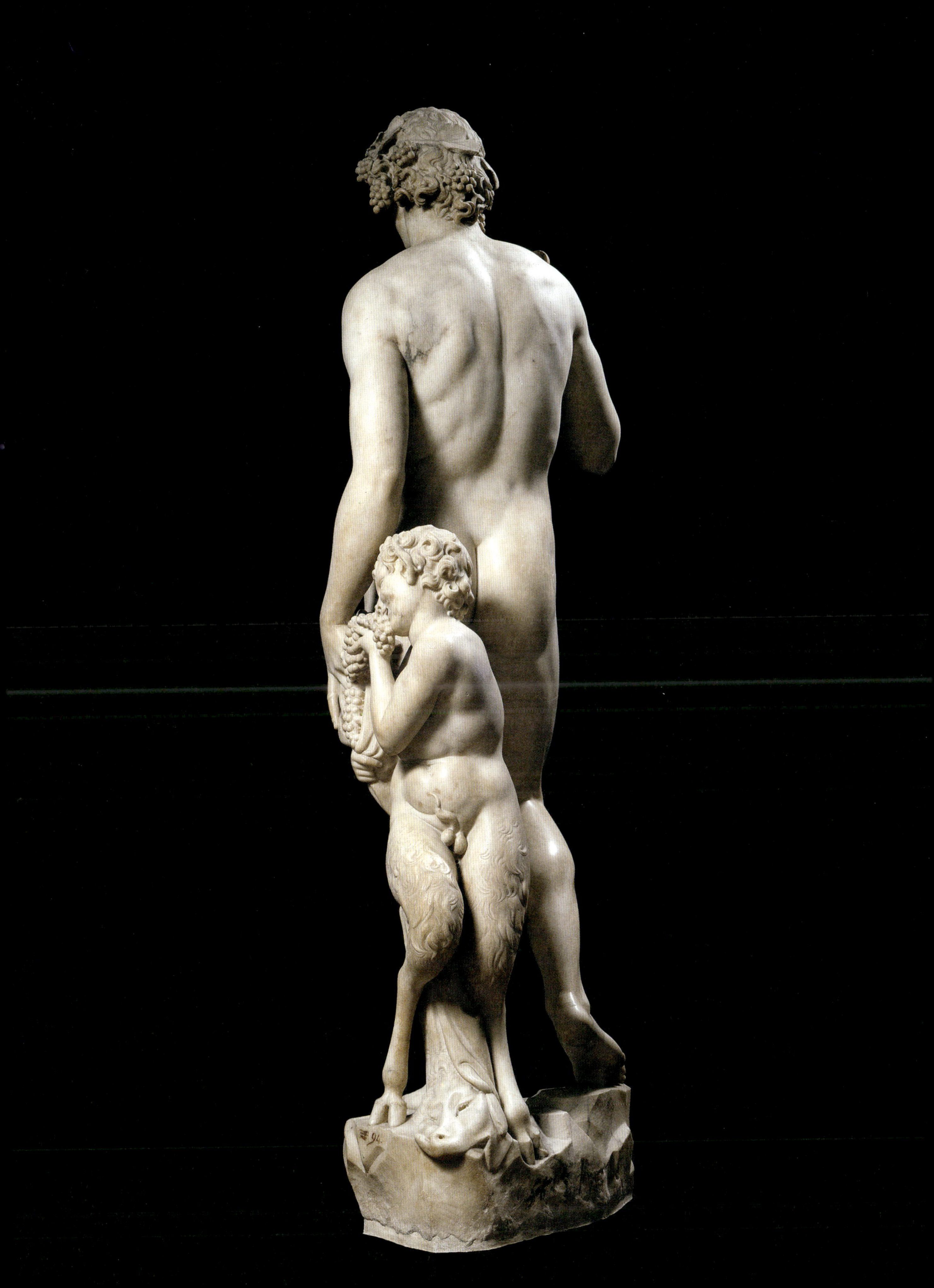

Nun betrachten wir eine weitere Figur. Sie ist viel später entstanden als der *Bacchus*. Man denkt, dass es ein *David* sei, weil die kugelige Erhebung unter dem rechten Fuß als Haupt des Goliath gewertet und die erhobene Linke als Griff zur Steinschleuder aufgefasst werden kann. Vasari bezeichnet sie hingegen als „einen *Apoll*, der einen Pfeil aus seinem Köcher zieht“[14], auch wenn kein Bogen zu sehen ist.

Sicher haben Sie schon bemerkt, dass diese Figur im Vergleich zum *Bacchus* viel stabiler im Raum steht. Wenn Sie beim Betrachten dieses *David-Apollo* wieder den Blick leitenden Linien folgen und dabei Ihren eigenen Blick mit beobachten, so können Sie vielleicht feststellen, dass dieser immer wieder auf die Figur zurückgeführt wird. Auch wird sie nicht eine andere, wenn man sie von einer anderen Seite sieht, wie etwa der *Bacchus*, der dann schwankt. Sie zeigt vielmehr, dass die Linien – wie man sie auch fährt – immer wieder zum Körper zurückführen, wenn man die Skulptur mit dem Blick umgreift oder sich sehend in ihr bewegt. So kann ein in sich ruhender Eindruck entstehen.

25 I Michelangelo, **David-Apollo**, 1530

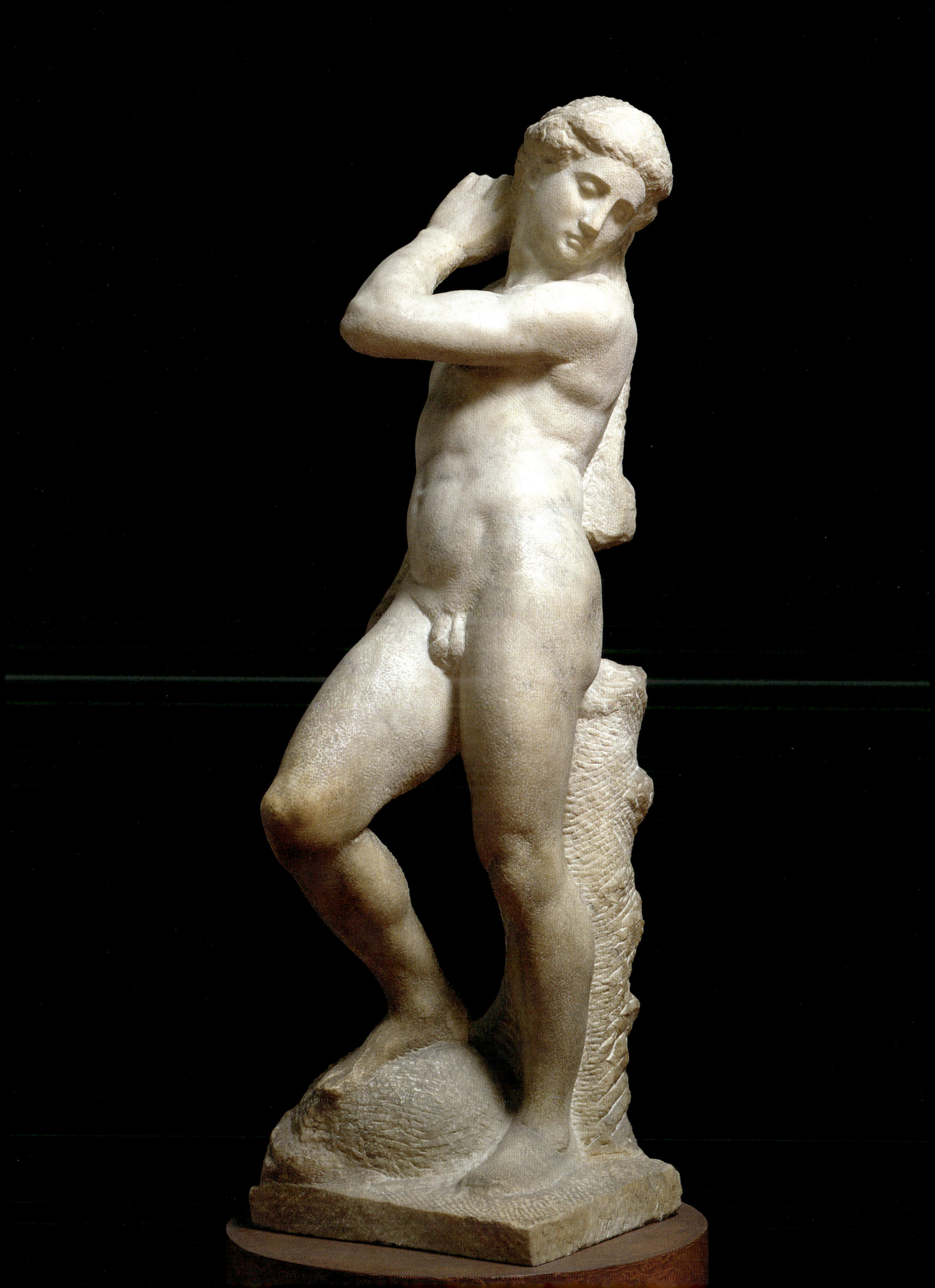

Das ist der 1580 entstandene *Merkur* von Giambologna. Der Götterbote steht auf der bronzenen Windspur eines *Puttos*, der pustet. Auf ihr befindet sich sein linker Fuß, der über dem Sockel schwebt und sozusagen auf heißer Luft geht.

Wenn Sie diese Figur betrachten, können Sie sehen, wie jede Bewegung, jeder Blick über die Figur hinausführt. Das nenne ich eine geöffnete plastische Form. Sie ist das genaue Gegenteil des *David-Apollo*, wo die Form in sich geschlossen ist und sich das Leben zunächst einmal innerhalb der Figur selbstabspielt.

26 | Giambologna, **Merkur**, 1580

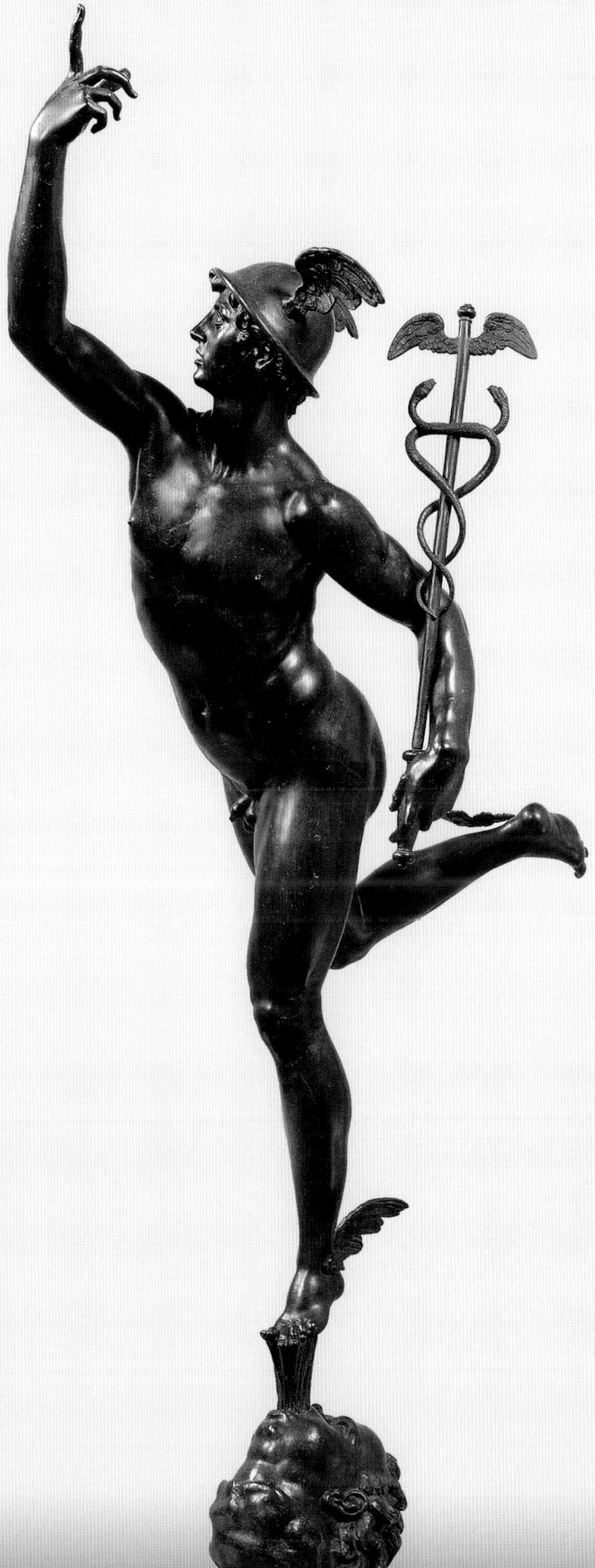

III. VON DER SINNLICHEN ERFAHRUNG ALS SCHLÜSSEL FÜR EIN VERTIEFTES VERSTEHEN

„Die Nacht, die Du hier siehst, im Gleichgewicht
Des schönen Schlafes, bildete im Stein
Ein Engel. Schlaf heißt ihr Lebendigsein,
Wenn Du's nicht glaubst, so weck' sie auf: sie spricht."

Giovanni Strozzi – Auf die Nacht des Buonarotti

„Schlaf ist mir lieb, doch über alles preise
Ich, Stein zu sein. Währt Schande und Zerstören,
Nenn' ich es Glück: nicht sehen und nicht hören.
Drum wage nicht zu wecken. Ach! Sprich leise."

Michelangelo Buonarroti – Dichterische Antwort

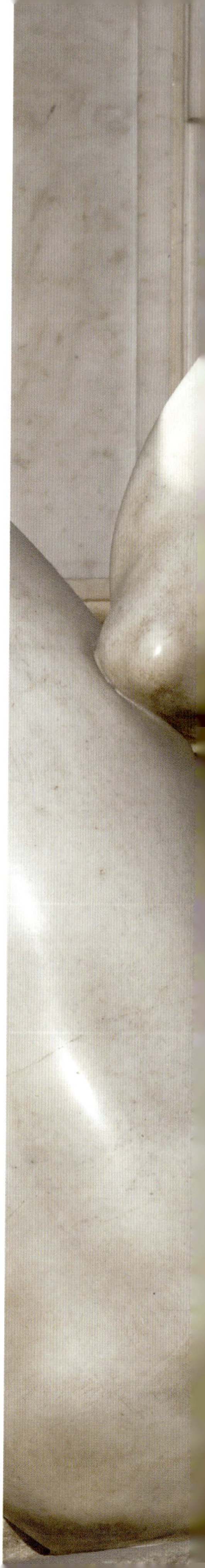

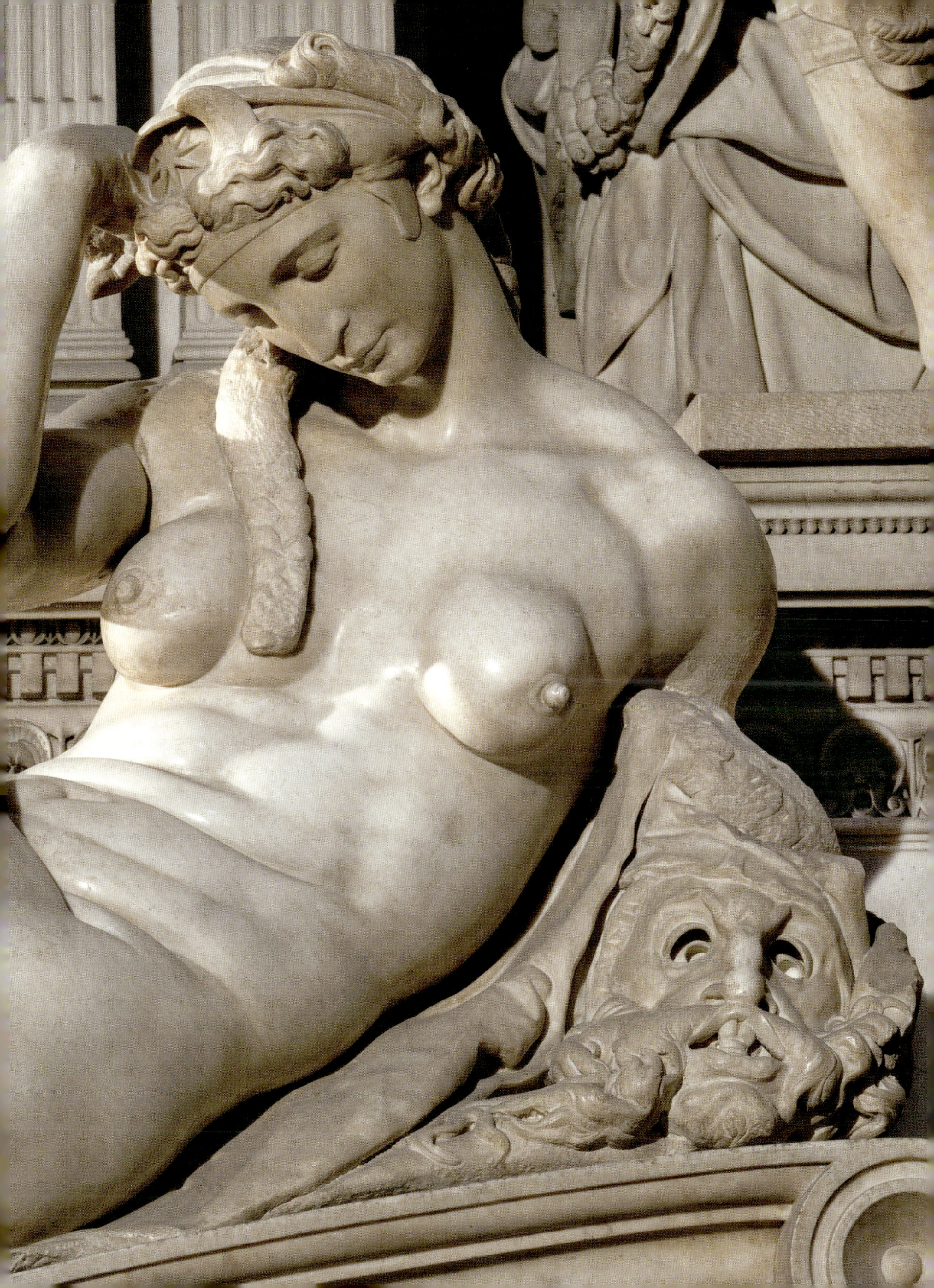

Kommen wir zu den Skulpturen auf den beiden Medici-Grabmälern. Was soll man jetzt dazu sagen? Das ist so eine überwältigende Fülle von Eindrücken, dass ich gestehen muss: Es ist für mich immer wieder ein Angang, so zu tun, als könne ich darüber reden. Aber was ich hier versuche, ist ja auch nur ein Ansatz, eine Bemühung, wie man so etwas ansehen kann – nicht nur, was sich darüber sagen lässt.

Es gibt ein sehr schönes Gedicht von Giovanni di Carlo Strozzi (1517–1570), der, als er die Figur der *Nacht* zum ersten Mal gesehen hat, sagte: „Ist das nicht wunderbar? Weckt sie doch auf und dann wird sie zu einem unglaublich frohen Leben erblühen." Worauf Michelangelo erwiderte: „Sie ist froh, dass sie aus Stein ist. Sei nur schön leise, dass sie nicht aufwacht."[15] Michelangelos Antwort kann man entnehmen, dass er eigentlich nicht wollte, dass sie erwacht und dass darüber gesprochen wird, sondern dass man es erlebt, dass man die Evidenz dieser Gestaltung selbst erfährt.

27 | (Vorherige Seite), Michelangelo, **Die Nacht** (Detailansicht)
28 | Michelangelo, **Grabmal von Giuliano de Medici**, 1524–1531

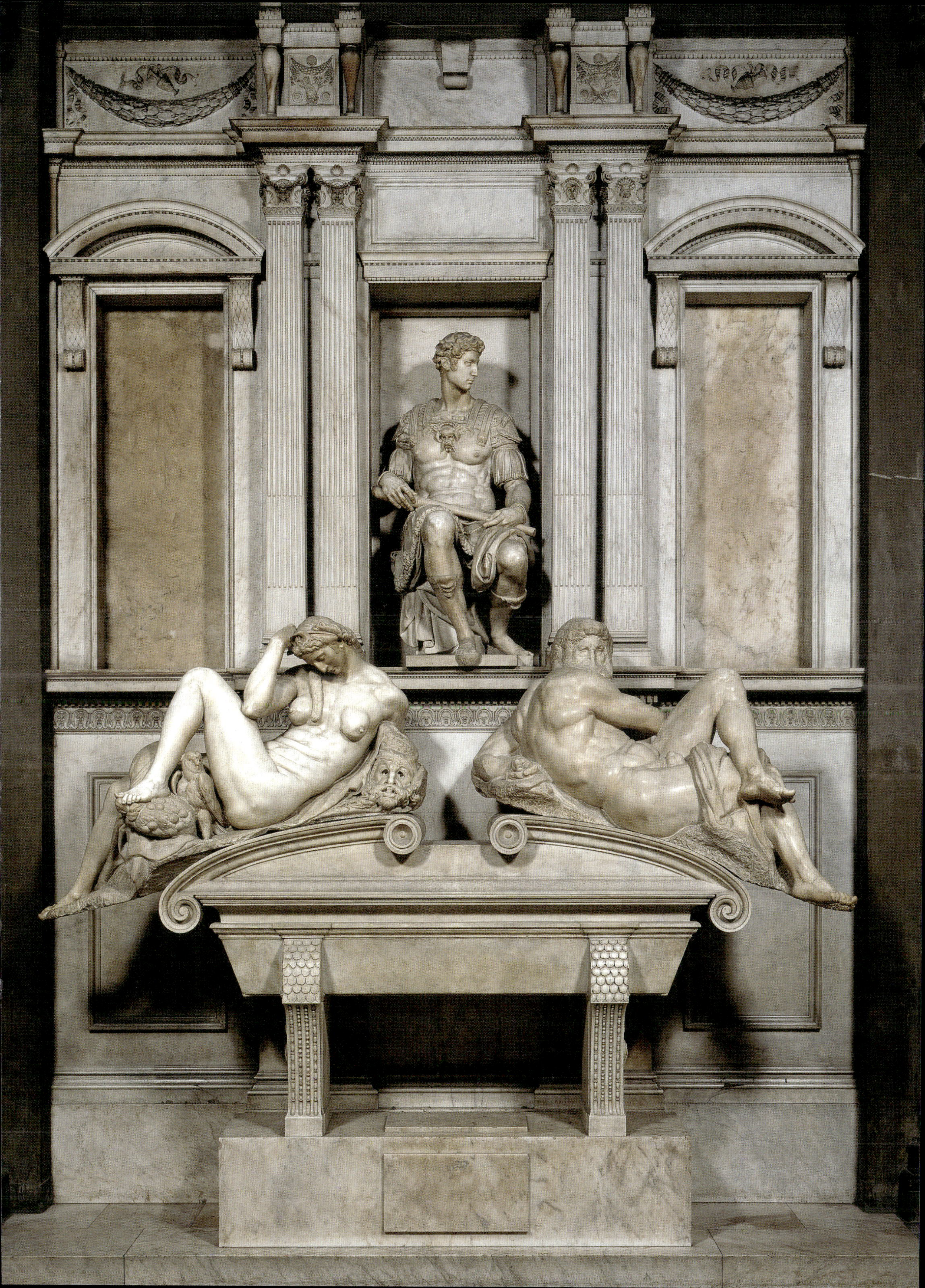

Es handelt sich hier um die beiden Herzoggräber der Brüder Lorenzo und Giuliano de Medici, auf deren Sarkophagdeckeln die Allegorien der vier Tageszeiten zu sehen sind: *Nacht, Tag, Abend, Morgen*. Und jetzt brauchen wir eigentlich schon gar nicht mehr hinzugucken, denn wir wissen ja nun, worum es sich handelt und können uns überlegen, was das alles bedeutet.

Über diese Figuren wurde viel geforscht und ich will das jetzt hier alles gar nicht bedienen, sondern nur die Frage stellen: Wie können wir damit umgehen? Lassen sich unsere, den Stein vitalisierenden Vorstellungen angesichts dieser Skulpturen überhaupt durchbrechen?

Auch hier erkennen wir auf den ersten Blick menschliche Figuren. Genau das ist die Herausforderung, denn die Faszination dieser Vorstellungen ist so stark und mächtig, dass wir uns in der Regel nur sehr schwer von ihnen lösen können. Und damit verknüpft ist ja auch die Frage, wie Michelangelo selbst mit dieser Illusion umgeht und wie er sie durchbricht.

29 | Michelangelo, **Grabmal von Lorenzo de Medici**, 1524–1531

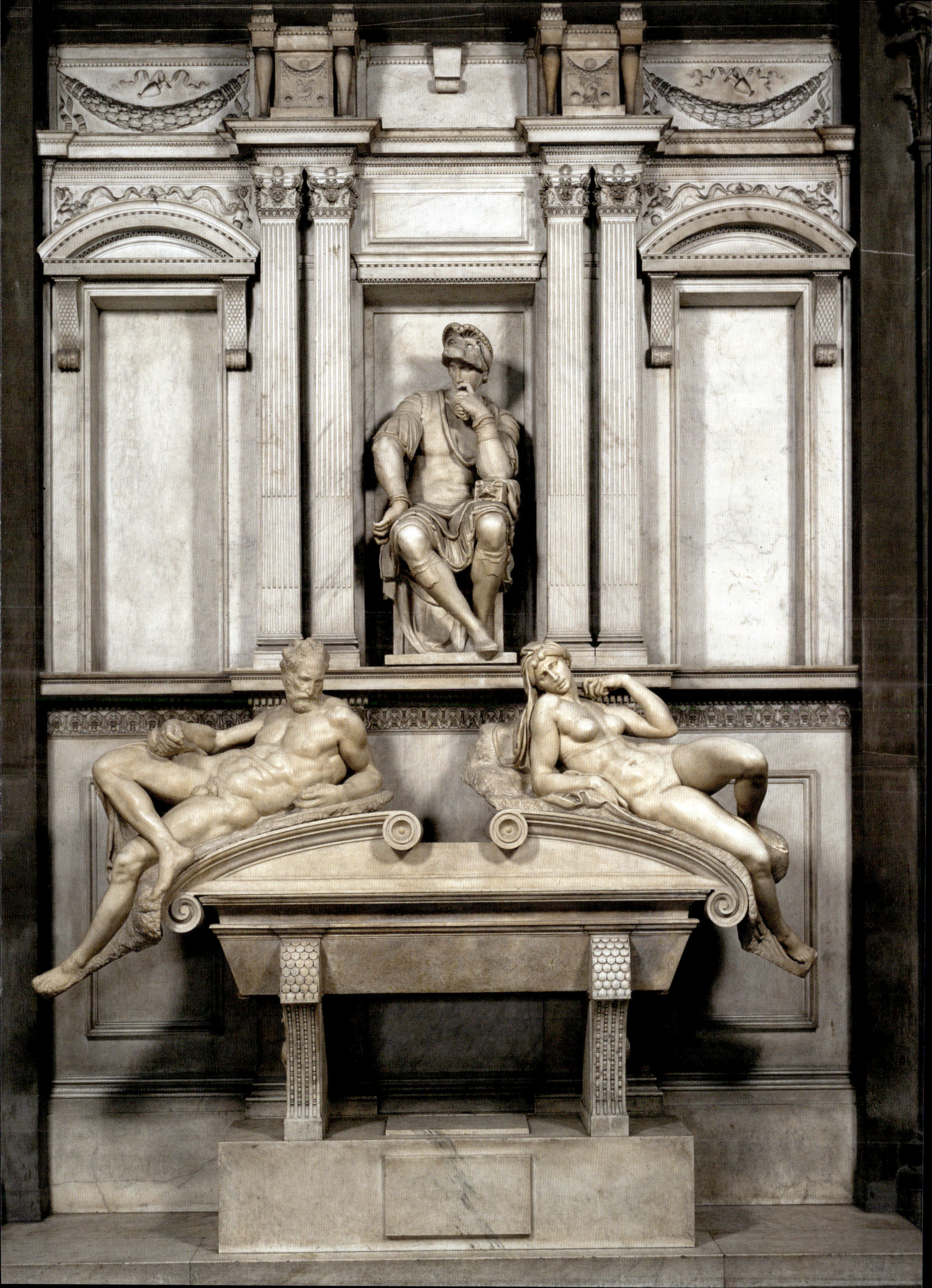

Wir wollen nun mit der *Nacht* einen Anfang versuchen und der Anfang ist ganz einfach. Verzeihen Sie, dass ich dieses so simplifiziere, man könnte natürlich sagen, was hat die für ein wunderbares Monddiadem mit einem Stern auf, und die Maske und die Eule – alles Attribute der Nacht, es fehlt sozusagen nichts.

Schauen wir auf die Figur selbst, so fällt der seitlich nach vorn geneigte Kopf, der gebeugte Oberkörper. sowie der auf dem Oberschenkel aufgestützte Arm ins Auge. Sie zeigen das In-sich-Ruhende der *Nacht*. Schöner und besser könnte man es nicht treffen. Aber es gibt noch eine andere Möglichkeit. Man kann zum Beispiel den Blick an ihrem linken Zeh ansetzen und ihn sich einmal zum Knie herauf bewegen lassen und beobachten, wie es dann weitergeht. Sie können auch, wenn Sie möchten, mit dem Finger Ihren Blick nachzeichnen, wenn Sie sich jetzt mit dem Auge in diese oder eine andere Richtung bewegen, und schauen, wo Sie hinkommen. Selbstverständlich können Sie auch einen anderen Einstieg wählen, das legt die Figur ja nicht fest. Entscheidend ist, was passiert, wenn Sie das selbst tun: Sehen Sie, dass es Linien gibt, die den Blick zurückwenden, die ihn in Bögen durch die Figur immer wieder zurückführen?

Wenn wir diese Gestalt lange betrachten und immer wieder den blickleitenden Konturen folgen, können wir beobachten, dass wir aus diesem System nicht herauskommen, das in sich ruht und dass den Blick von einer kleinen Form über eine Gesamtgestalt wieder in eine kleine Form führt. Es kann sich dann eine Art Wechselrhythmus einstellen, der von der kleinen Form über die Gesamtgestalt wieder in die Kleinform übergeht. Dieser Prozess kommt aber erst zum Vorschein, wenn wir unseren Blick durch die Figur führen lassen. Immer wieder kommt er so in diese Wechselwirkung von oben und unten und fängt an zu schwingen. In diesem Wechsel wird ein Prozess bemerkbar, der gleichmäßig in sich ruht und zugleich in sich schwingt, ähnlich dem, wie es Conrad Ferdinand Meyer in seinem Gedicht *Der Römische Brunnen* in der letzten Zeile zum Ausdruck bringt: „Und strömt und ruht."[16]

Wenn wir uns diese Figur ansehen, dann kann eine Qualität zum Vorschein kommen, die durch meine Schilderung auch meine Eigenart annimmt. Wenn Sie das tun, nehmen Sie vielleicht andere Worte. Das ist vollkommen legitim. Ich meine nur, weil dieselbe Gestalt zugrunde liegt, muss auch derselbe Prozess in jedem einzelnen Bewusstsein zum Vorschein kommen – wenn er dann auch von jedem Einzelnen mit anderen Worten vielleicht belegt wird. Aber was wir sehen, was wir erfahren, das ist dort vom Marmor vorgegeben und gestaltet.

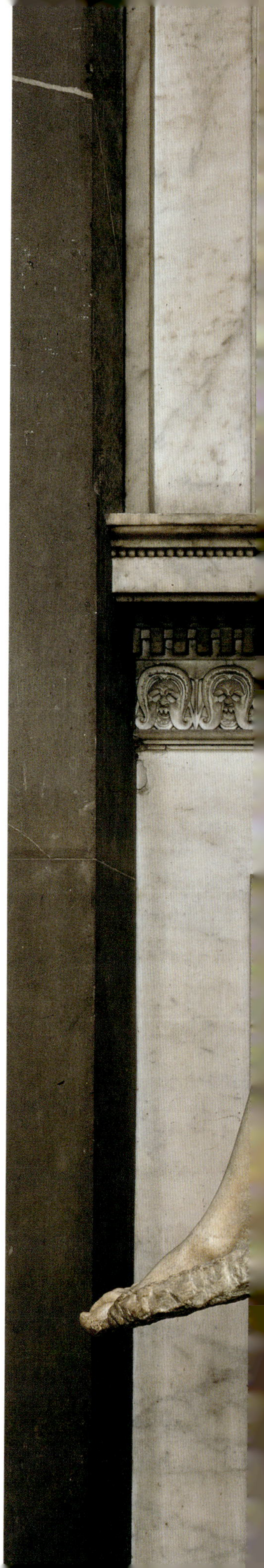

30 | Michelangelo, **Die Nacht**, 1524–1531

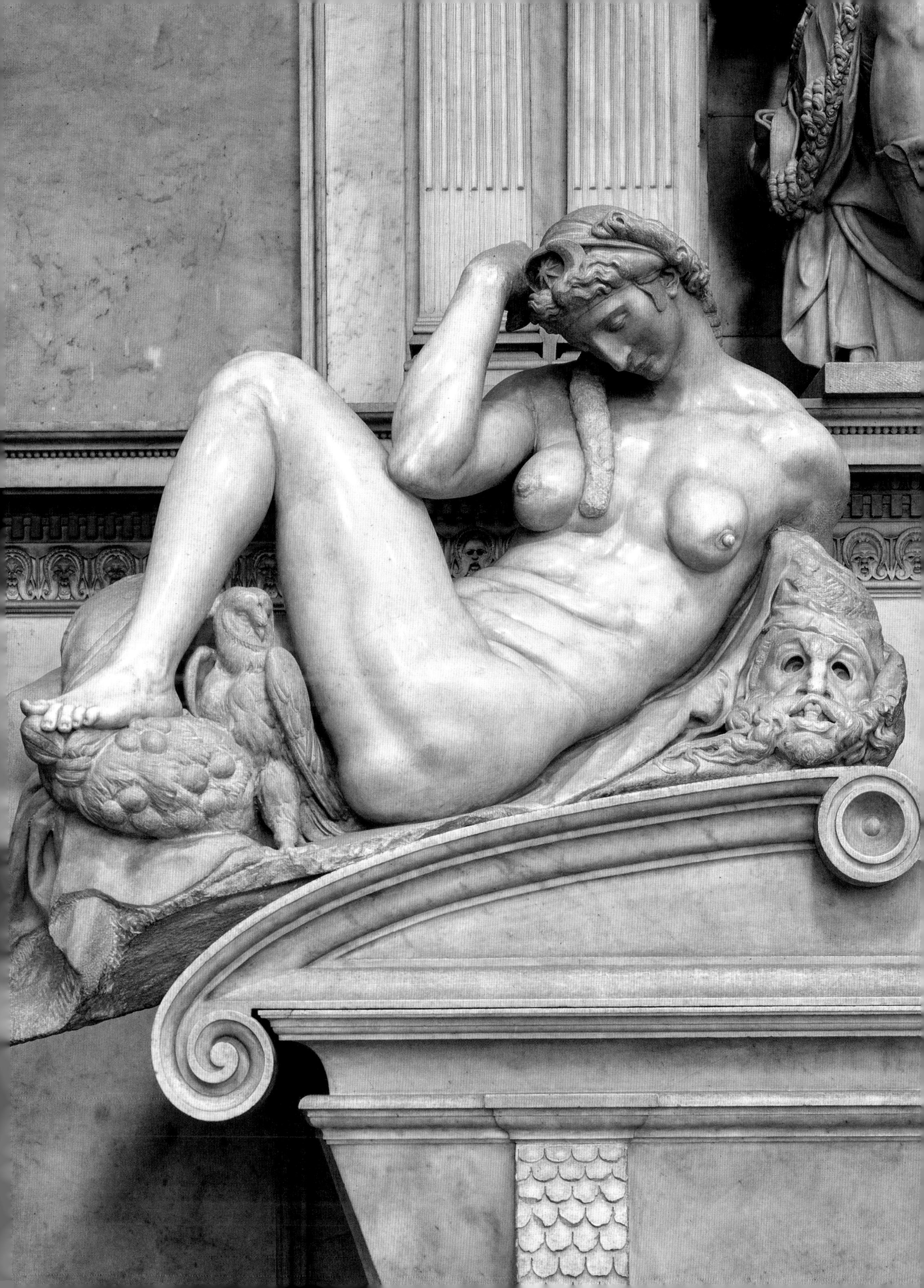

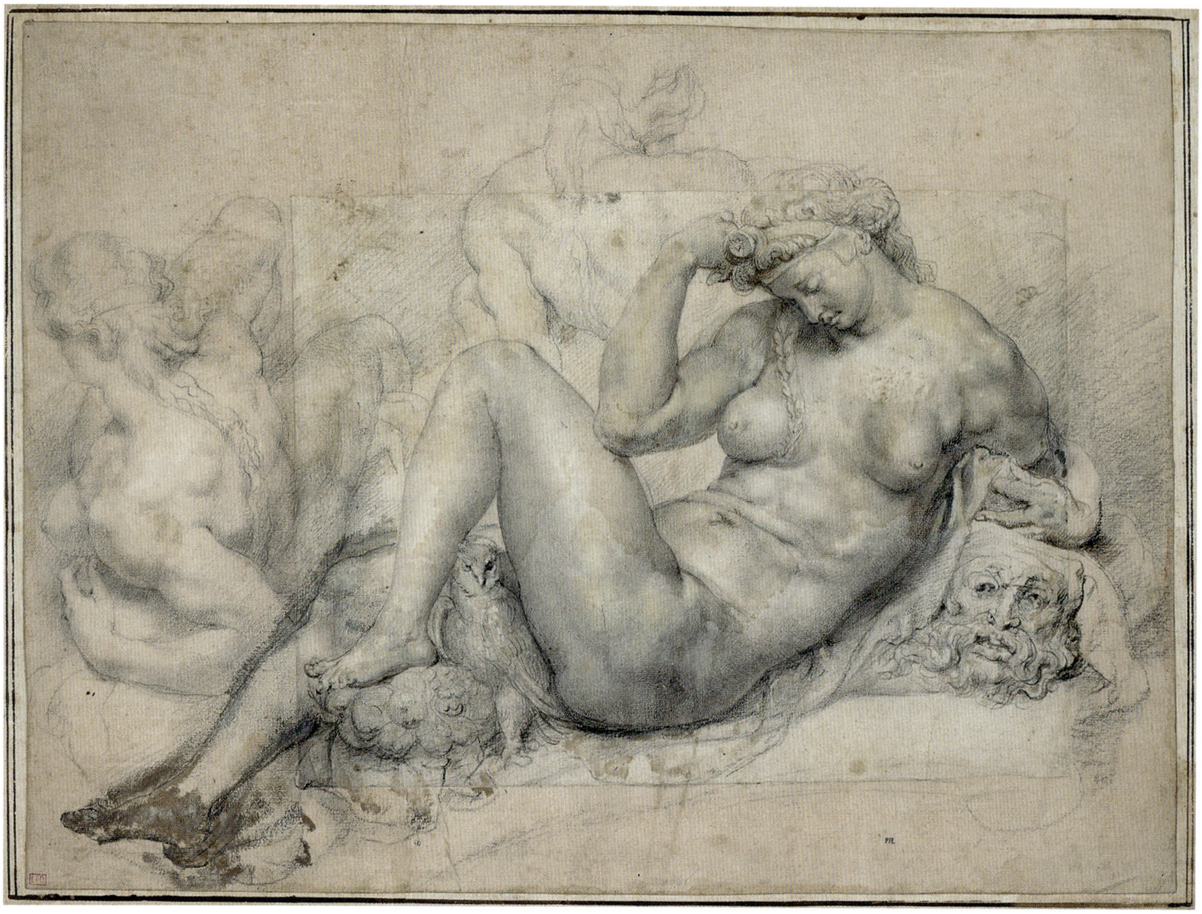

Interessant ist hier zu beobachten, wie die Künstler mit diesen Figuren umgegangen sind. Es gingen von ihnen vielfältige Anregungen für verschiedene Disziplinen der bildenden Künste aus. Diese künstlerische Auffassung menschlicher Körper wurde für sie zu einer Art Norm, mit der sie sich über die Jahrhunderte hinweg immer wieder auseinandergesetzt haben. Wir haben hier also nicht vor Augen, was alles darüber gesagt wurde, sondern wie diese Gestalten erfasst und wie sie wiedergegeben wurden.[17]

Ich möchte nur zwei Beispiele von vielen herausgreifen. In der Zeichnung rechts von Federico Zuccaro (um 1540–1609) sehen wir die Medici-Kapelle bevölkert von Künstlern. Sie sitzen auf Bänken herum, stehen in einer Gruppe zusammen, alleine im Raum oder erhöht am Rand. Ein Hund ruht in entspannter Haltung zu ihren Füßen. Einige studieren die Figuren Michelangelos und suchen sie aufs Papier zu bringen.

In der Zeichnung oben von Peter Paul Rubens (1577–1640) sehen wir, dass sich der Künstler nicht damit begnügt, die Figur der *Nacht* detailgetrau abzuzeichnen, er geht vielmehr kreativ mit der Vorlage um und fügt weitere Figuren hinzu. Bei näherem Hinsehen wird deutlich, dass er am linken und oberen Bildrand die Nacht aus zwei weiteren Perspektiven andeutet

27 | Peter Paul Rubens nach Michelangelo, **Die Nacht**, 1603
28 | Federico Zuccaro, **Künstler zeichnen und modellieren in der Neuen Sakristei**, um 1560 (Ausschnitt)

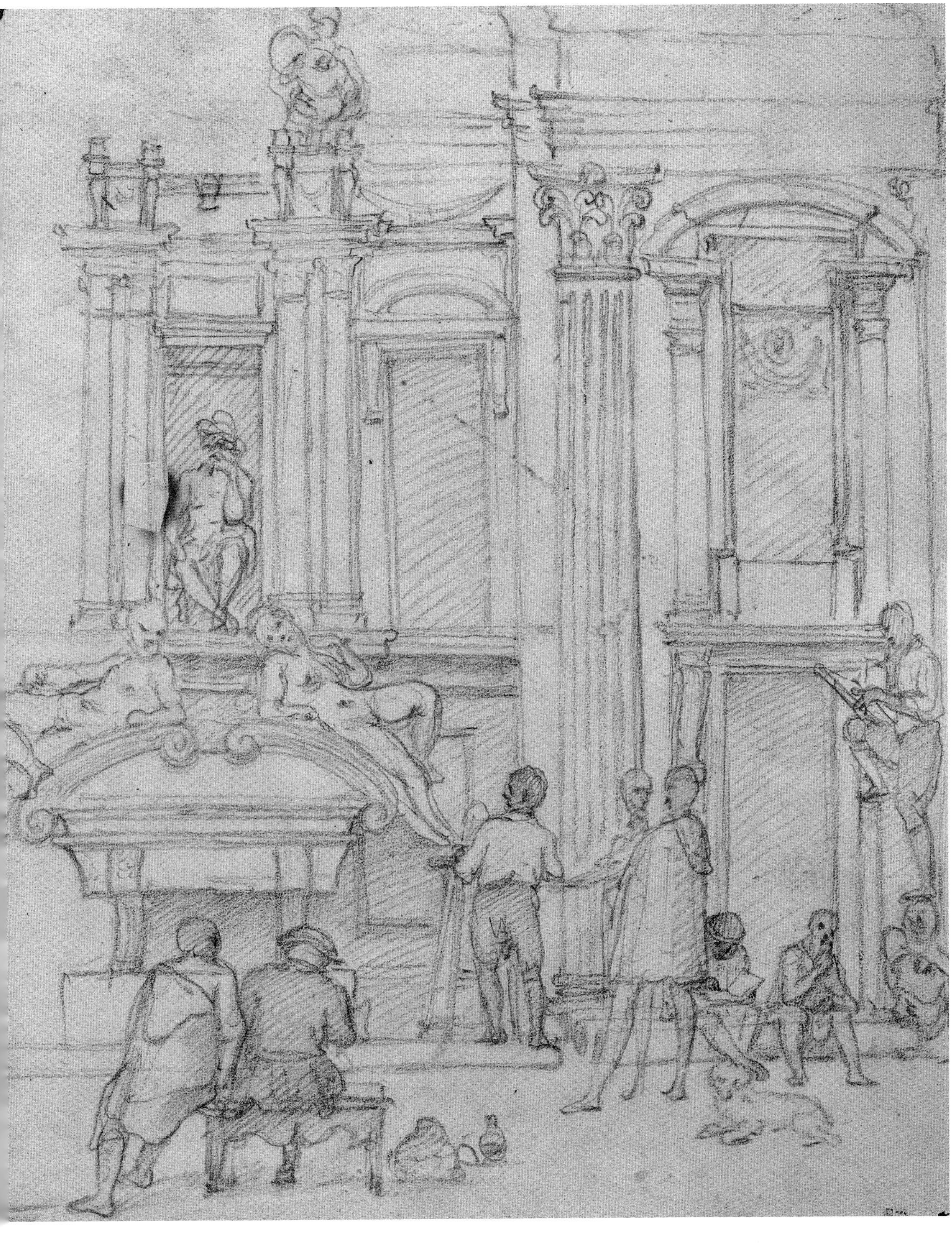

„Wir finden einerseits das Geschlossene, In-sich-Ruhende der Nacht, andererseits bereits etwas, das uns in der Anschauung in eine Bewegung führt, die sich nach oben hin steigert und differenziert."

Jetzt wenden wir uns dem *Morgen*, der *Morgenfrühe*, die auch *Aurora* genannt wird[18]. Können Sie auch an dieser Skulptur blickleitende Linien entdecken? Sehen Sie die geschwungene Linie, die durch die Figur hindurch und darüber hinausführt?

Wenn Sie bei der *Nacht* vom linken Fuß aus mit Ihrem Blick nach oben gehen, finden Sie, dass das hochgezogene linke Bein und der rechte Ellenbogen einander berühren. Sie bilden eine in sich geschlossene Geste. Bei der *Morgenröte* hingegen kämen wir nicht auf die Idee, das Knie in einer Bewegung zum Körper hinzusehen. Hier finden wir vielmehr nach oben über sich hinausweisende Linien, eine sich öffnende Form, die den Blick teilweise bei sich hält, aber auch über die Figur hinausführt. Bei der *Aurora* ist es also durchaus so, dass diese in sich ruht, zugleich aber über sich hinausweist. Wir finden einerseits das Geschlossene, In-sich-Ruhende der *Nacht*, andererseits bereits etwas, das uns in der Anschauung in eine Bewegung führt, die sich nach oben hin steigert und differenziert.

Ich komme mir immer ganz schlecht vor, wenn ich so etwas ausspreche, weil natürlich durch das, was ich mit solchen Formulierungen sagen will, immer schon etwas insinuiert wird. Es ist etwas Manipulatives an einer solchen Darstellung. Aber da ich Ihren Augen traue, werden Sie die entsprechenden Abstriche machen und wenn Sie selber dort sind, werden Sie es selber ausprobieren, Sie brauchen mir überhaupt nichts zu glauben, ich bitte sogar darum, mir nichts zu glauben.

33 | Michelangelo, **Der Morgen (Aurora)**, 1524–1531

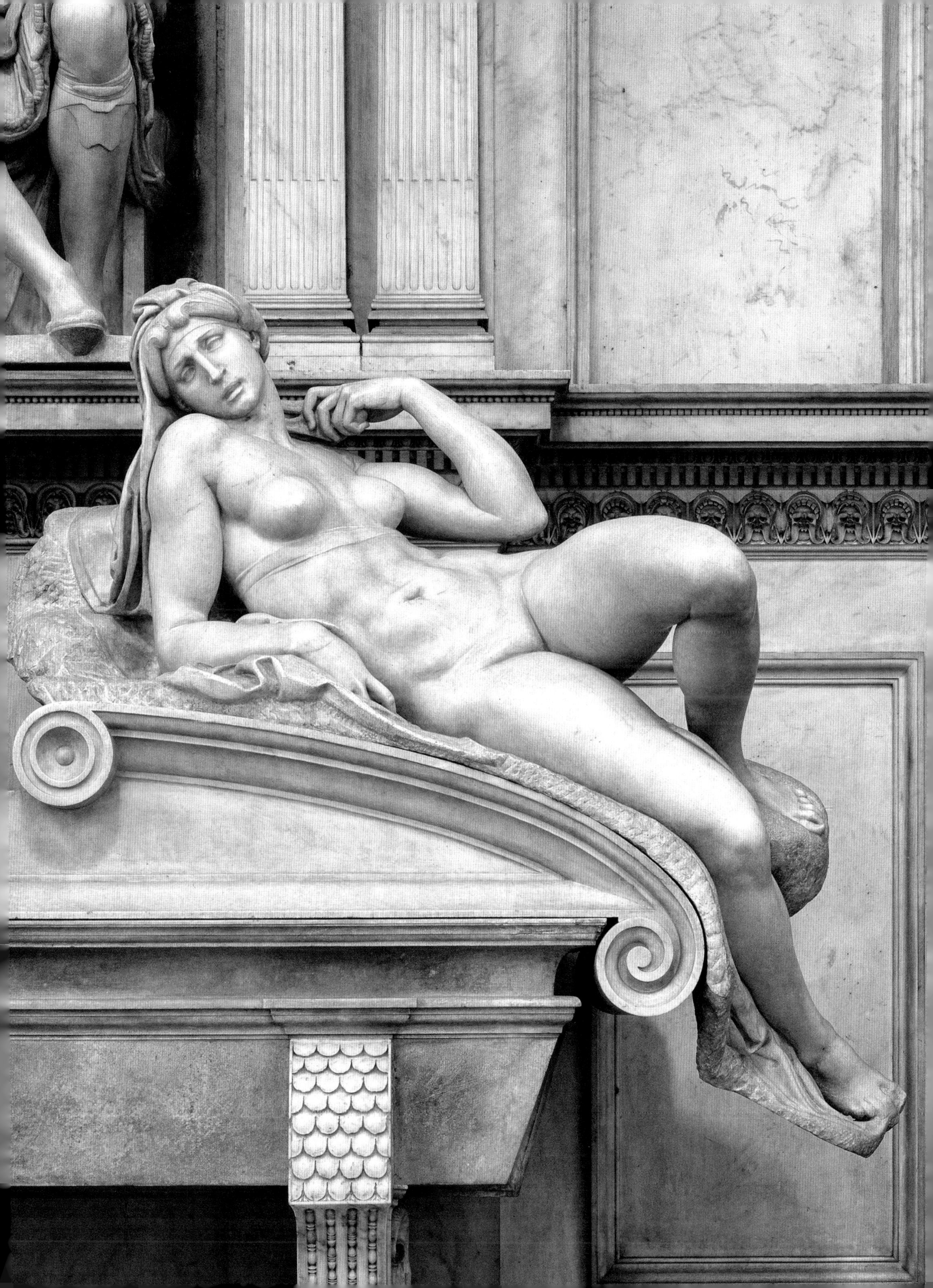

„Nächtelang habe ich Zeichnungen gemacht, aber nicht nach seinen [Michelangelos] Arbeiten, sondern nach den Grundzügen meiner Vorstellung, die ich mir von ihm gemacht habe, um ihn verstehen zu lernen.“ [19]

Auguste Rodin

Wir müssen die Gestalten ja nicht aus einer Perspektive betrachten, sondern können uns um sie herumbewegen.

Wir sehen hier eine Perspektive, aus der heraus Auguste Rodin (1840–1917) die *Morgenröte* betrachtet und in einer Zeichnung festgehalten hat. Hätte er eine Übersicht über den wohl proportionierten Körper haben wollen, so hätte er ihn von der Seite dargestellt. Stattdessen sehen wir eine vollkommen durchgehende Linie, die gewissermaßen von der Fußspitze bis zum Kopf reicht und unseren Blick über die gesamte Gestalt führen kann.

34 | Auguste Rodin, **Studie nach Michelangelos Morgen**, um 1877

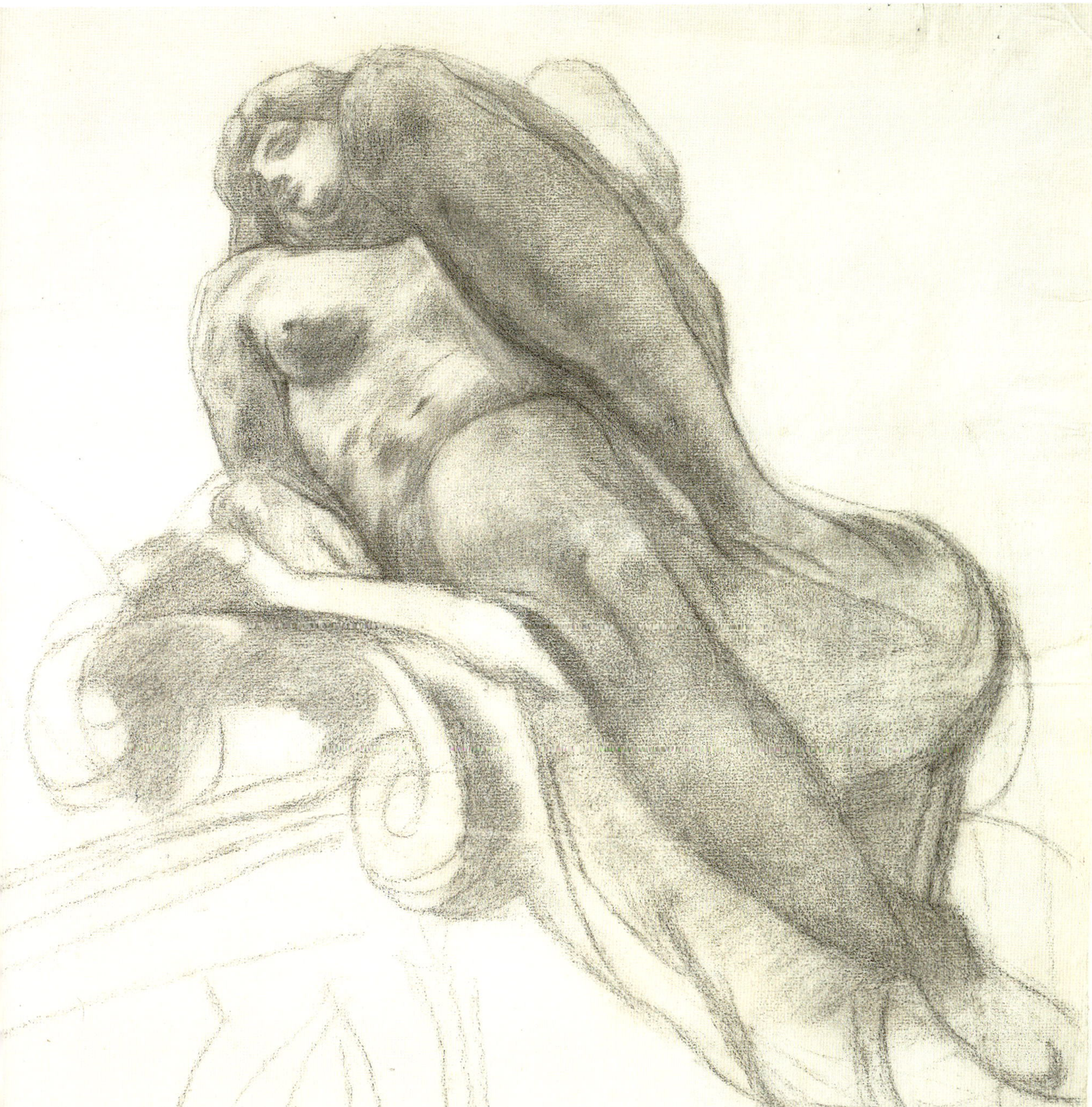
M.R
5117

Wir haben hier nun den *Abend* vor uns als das Gegenstück zur *Morgenröte*. Bemerken Sie, wie die Linien hier schwerlich von unten nach oben zu verfolgen sind? Wenn wir etwa – wie bei der *Nacht* – beim linken Zeh anfangen und mit dem Blick nach oben gehen, kommt uns das Schienbein in die Quere. Ob Sie es sich nun organisch erklären oder nicht, der Blick verfängt sich hier. Umgekehrt – von oben nach unten – wird der Blick ungestört nach unten geleitet. Wenn man zum Beispiel beim Kopf beginnt und dem rechten Arm oder Oberkörper nach unten folgt, so kann man entweder der Kontur des rechten Beines folgen, das ja beim Knie abknickt und den Blick über den Fuß nach unten leitet, oder über das linke Bein einen Weg nach unten suchen, der dann ebenso über das angewinkelte Bein nach unten abgelenkt wird. Von unten jedoch kommt der Blick nicht so leicht nach oben.

Wir können an dieser Figur den Eindruck gewinnen, dass da etwas ist, was sich nach unten senkt, was keine Teleologie, kein Ziel außer sich hat. Diese Figur hat den Kopf geneigt, sodass die Gebärdengestalt etwas Absinkendes enthält. Wir finden hier eine Struktur, eine anschauliche Gebärde, die nach unten sinkt, die sich einzieht, die von einem Höhepunkt zurückkehrt in etwas, was ganz undramatisch zeitlos ist.

Wir sehen einen wunderbar geglätteten Leib, aber einen Kopf, der noch rau ist, einen Stein, dem noch die letzte Glättung fehlt.

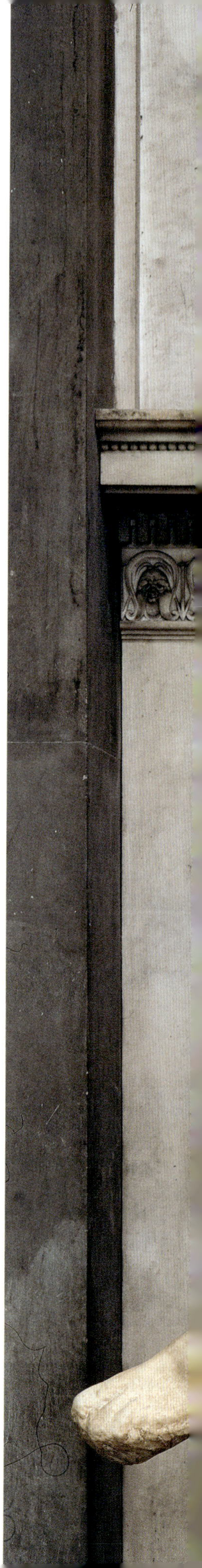

35 | Michelangelo, **Der Abend**, 1524–1531

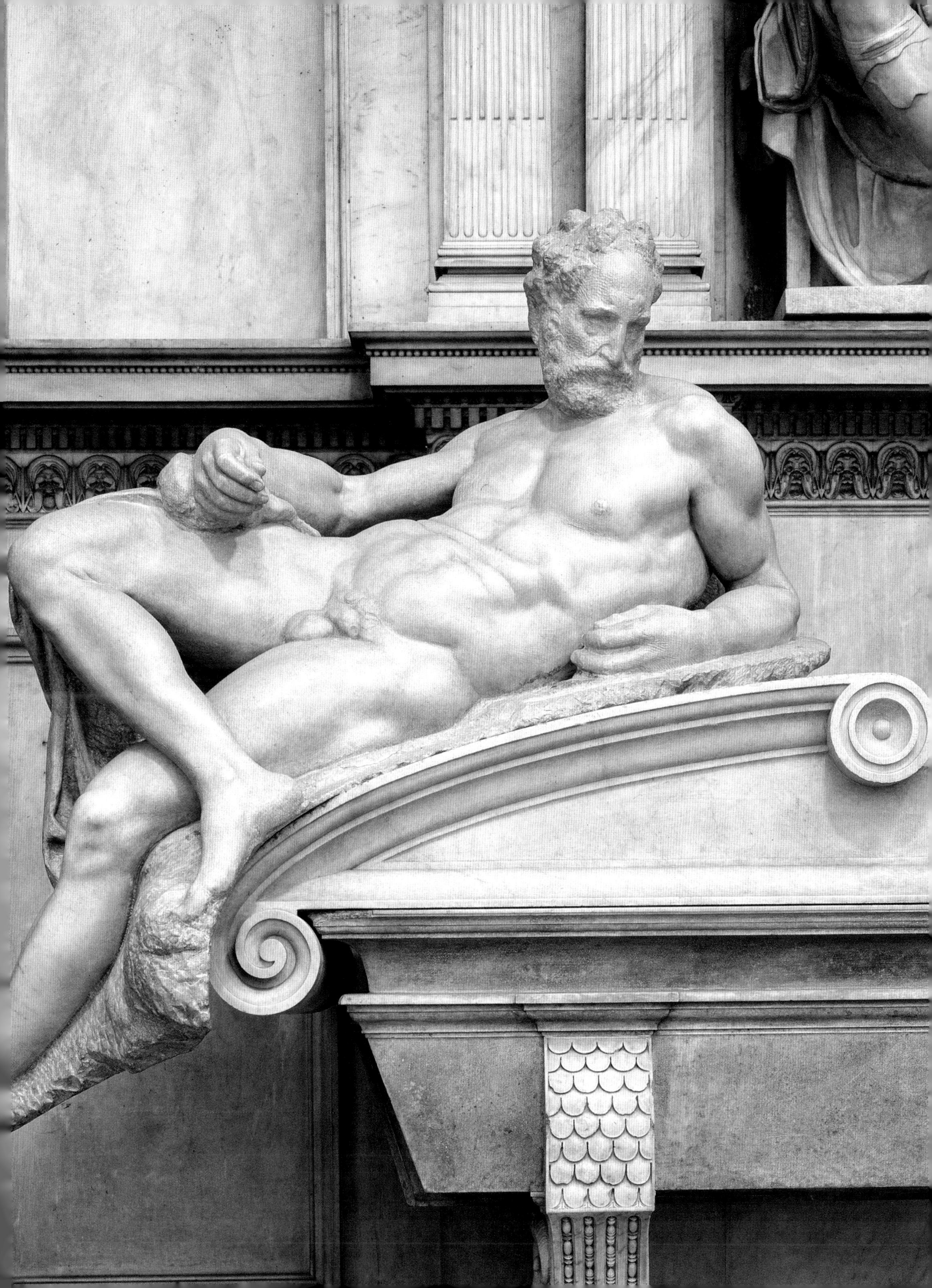

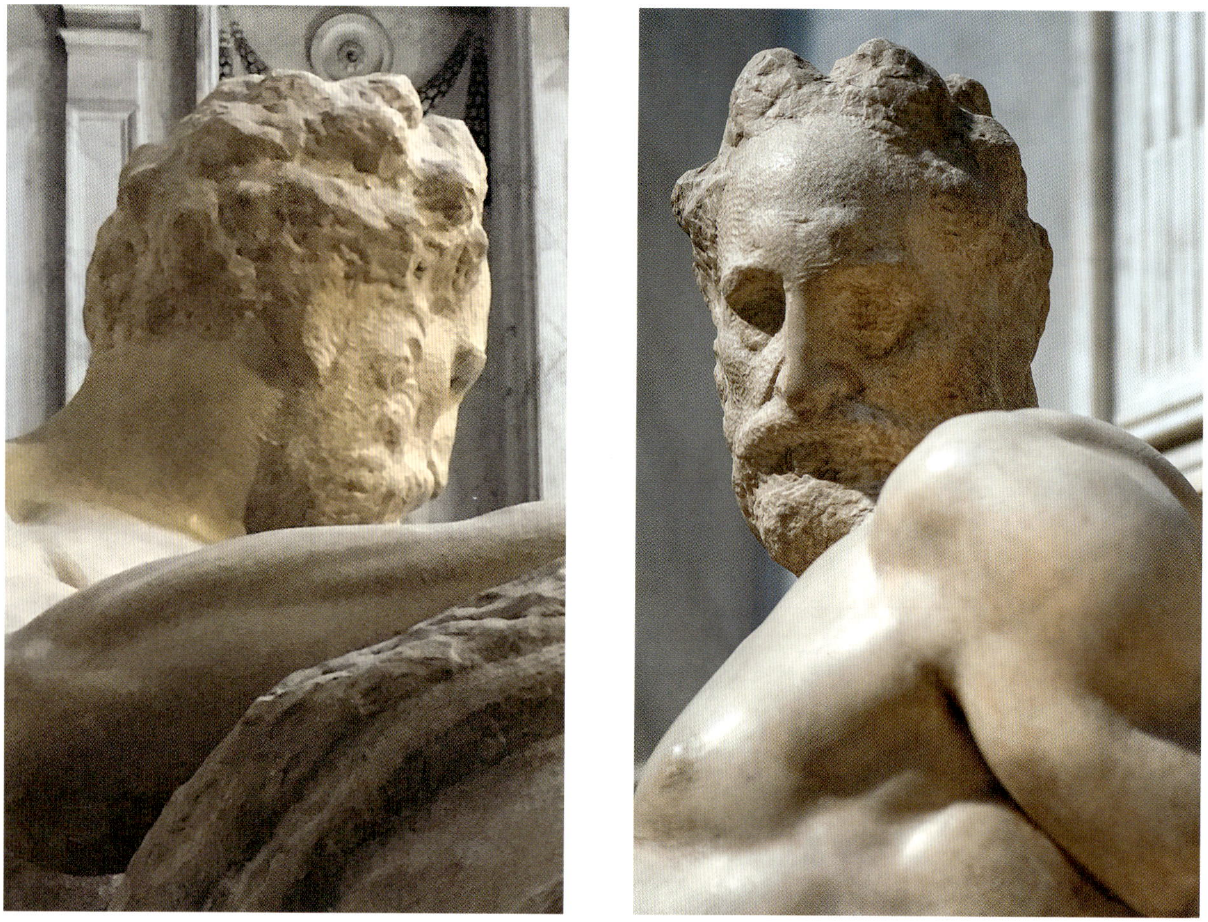

Man geht zuweilen auch heute noch davon aus, das liege daran, dass Michelangelo nicht fertig wurde, weil er so viel Aufträge angenommen hatte oder annehmen musste. Die Vorstellung ist dann, der Künstler habe immer wieder etwas angefangen und nicht zu Ende gebracht, *non-finito* auch hier, bei einem so großen Auftrag. Da kommt es eben dazu, dass der Kopf des *Abends* leider nicht fertig geworden ist. Er ist noch rau, er ist nicht geglättet, er ist noch in der Form des Bozzetto – also des beschlagenen Steins, der die letzte Feile und dann den Schliff noch nicht hat.

Wenn wir das aber anschauen, dann können wir auch bemerken, dass dieser wunderbare, einheitliche, glatte Stein des Rumpfes hier so spricht, dass man den Eindruck hat, der Blick wird an keiner Stelle tangiert. Es erscheint alles wie eines. Beim Kopf hingegen kommt ein anderes Prinzip zum Vorschein, denn diese Art der Gestaltung des Steines bringt eine andere anschauliche Wirkung mit sich: nämlich des Brüchigen, nicht mehr so Frischen, des Verglühenden, des Schrumpfenden, des Altwerdens, weil die Steinqualität diese Rauheit hat. Es kann also sein, dass gerade die Tatsache, dass der Stein nicht fertig geschliffen ist, dafür verantwortlich zu machen ist, dass dieser Eindruck entsteht, dass man den Eindruck bekommt: da ist nicht etwas Jugendfrisches, was aufblüht, glatt ist und sozusagen aus allen Nähten nur so strotzt, sondern was brüchig wird. So kann die nicht vollendete Oberfläche wirken wie ein Ausdrucksmerkmal der Gestalt.

36 | Michelangelo, **Der Abend**, gesehen aus unterschiedlichen Perspektiven

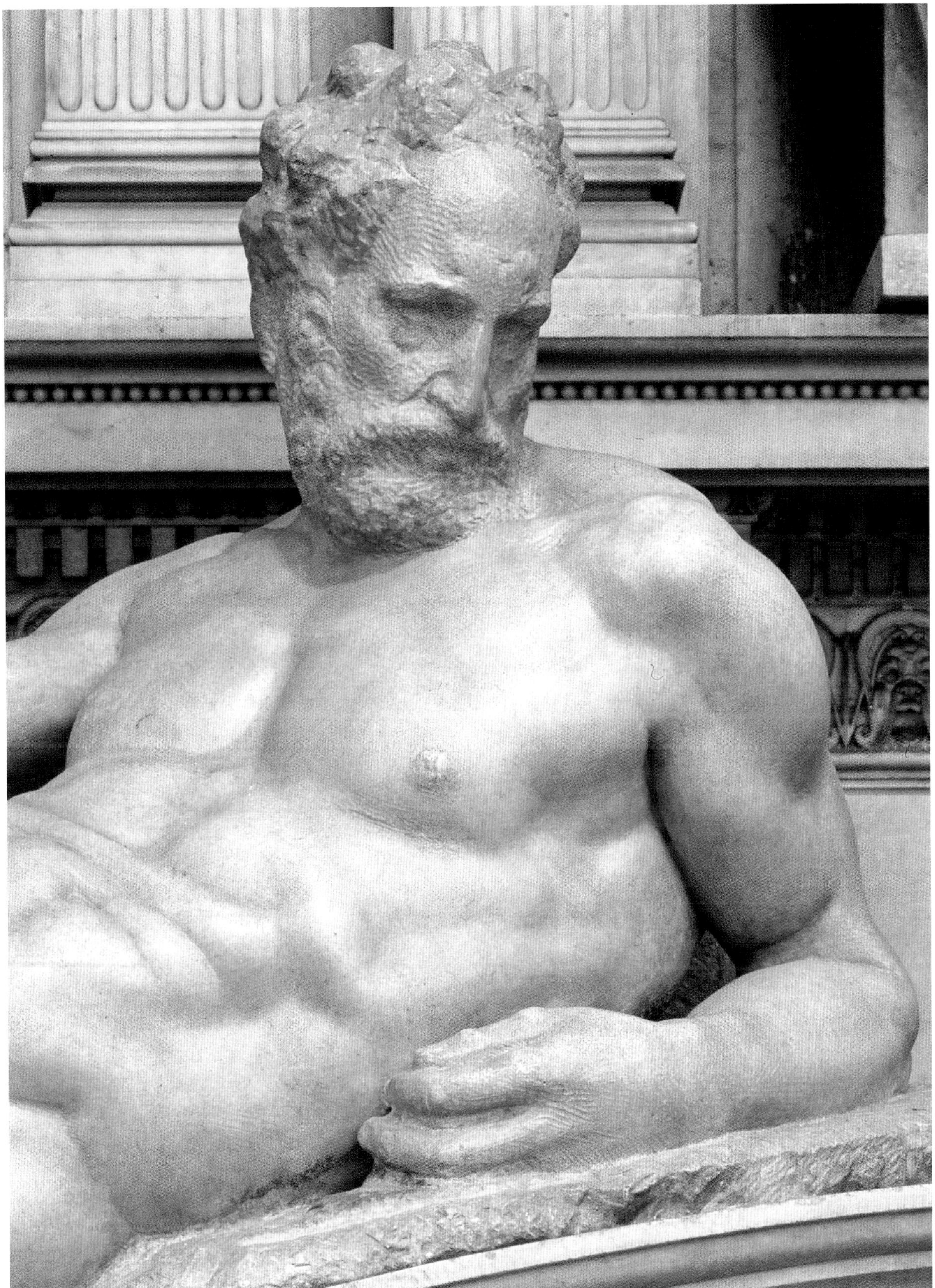

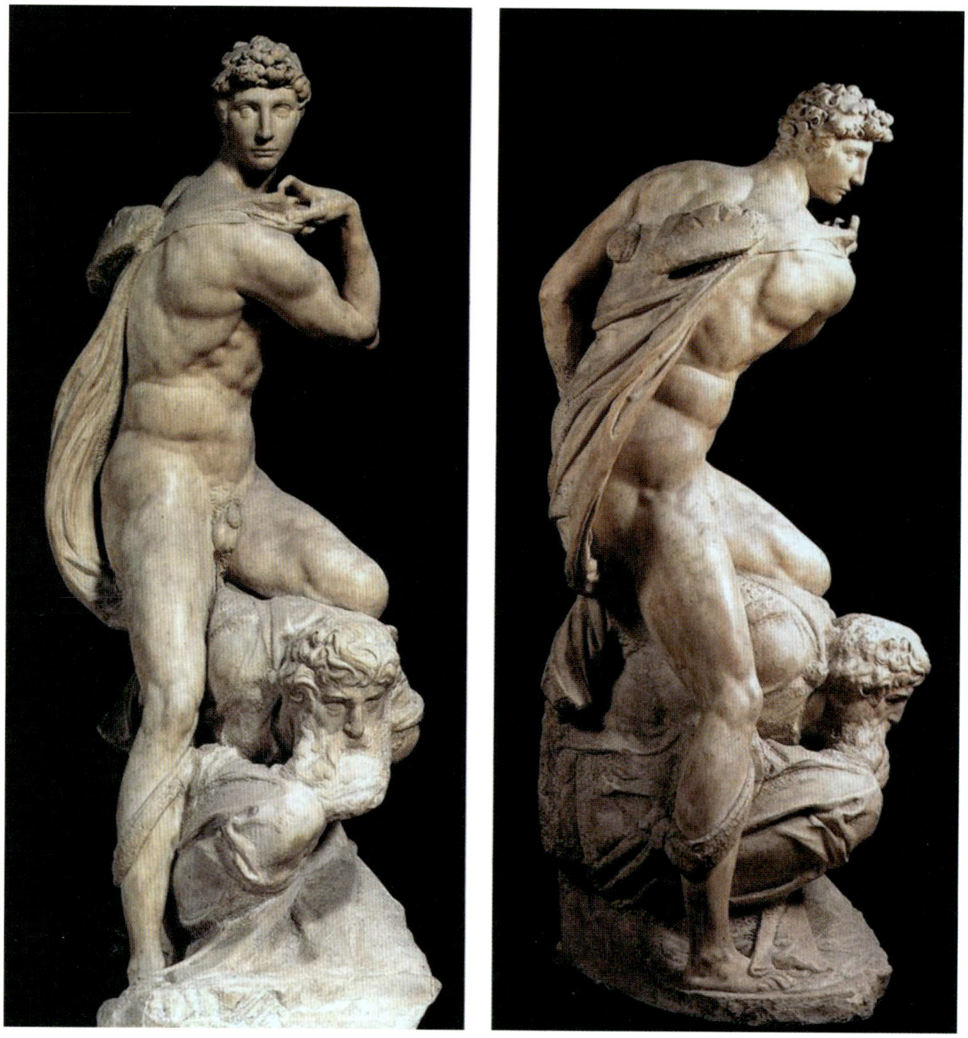

Wir können das auch beobachten an der Gestalt des *Sieges*. Da ist ein ausgefeilter Jüngling mit einer tollen, über sich hinausweisenden Gebärde und darunter ein alter, bärtiger, zusammengekauerter Mann. Auch hier könnte man sagen: Welch ein Jammer! Michelangelo hat hier schon wieder nicht zu Ende gearbeitet und nur die obere Figur fertiggestellt. Wir können aber auch ernstnehmen, was uns vor Augen liegt: Da unten der Alte mit bozziertem Bart und Untergrund, also das Alte, das Brüchige, das nicht mehr so Ausgeformte und darüber das Fertige, das Ausgeschliffene, das Jünglingshafte. Das wird zur Ausdrucksqualität, als ob der raue Stein mitspricht in der Charakteristik der Figur. Das ist etwas Neues, denn das hieße ja, dass die Figuren so unfertig nicht sind, wenn das Unfertige selber jetzt als Ausdruckswert der Figur mitkonnotiert, mitgesehen, miterkannt werden kann.

Dies nur als ein kleiner Exkurs, damit verständlich wird, dass ich dieses Prinzip einer verschiedenen Ausarbeitung nicht nur als *non-finito* lese, sondern auch als Ausdrucksqualität dieser bestimmten Figuration sehen kann.

37 | Michelangelo, **Der Sieg**, um 1531/32

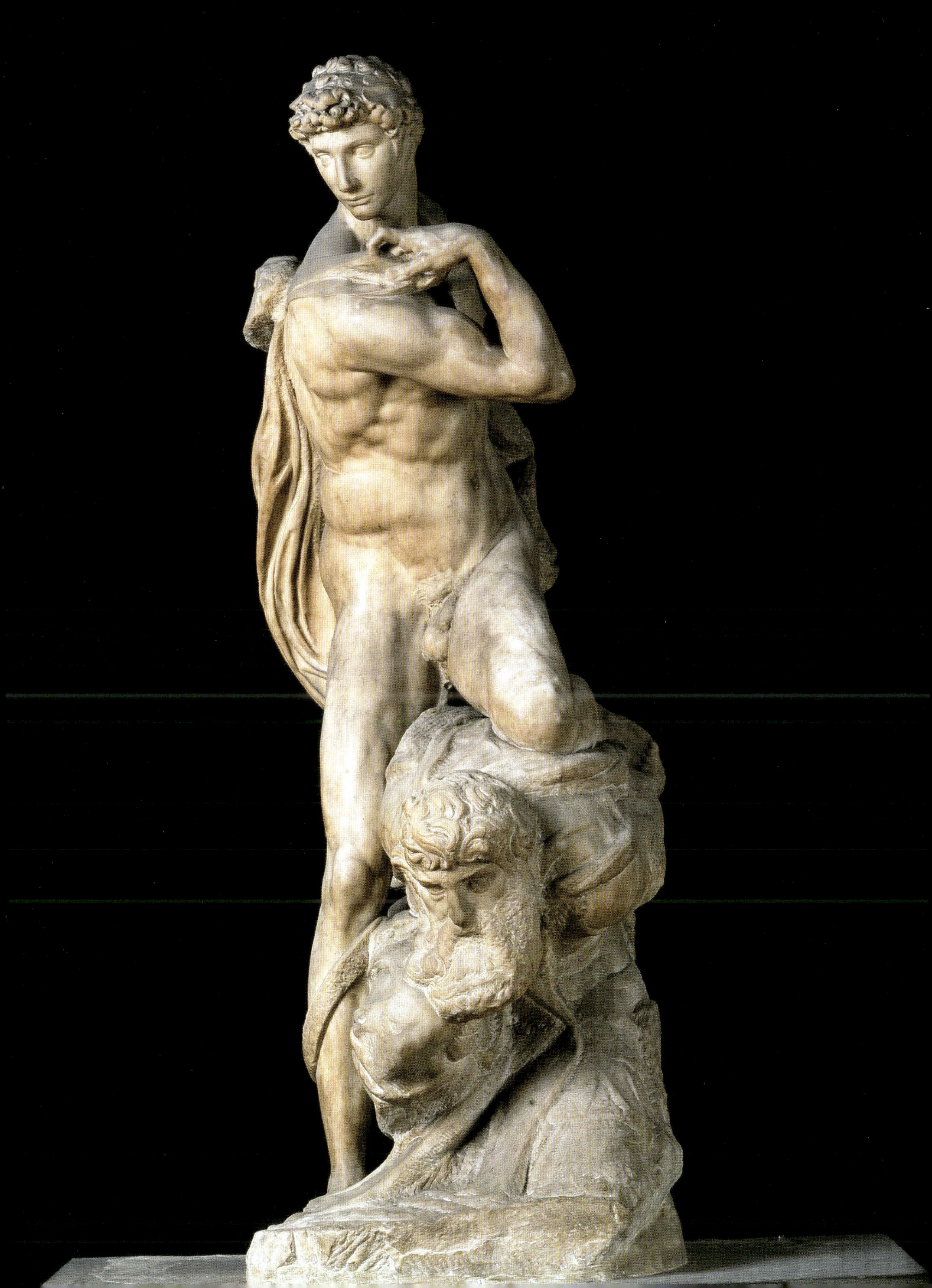

„Das Ungebändigte des Steins, seine ‚Natur-Wirkung' wird hier zum Ausdruck der Figur."

Dieses Ausdrucksmerkmal der nicht vollendeten Oberfläche war für mich auch der Schlüssel für die Figur des *Tages*. Sie sehen, dass der Körper ziemlich glatt ist. Und dahinter sehen Sie diesen ungeheuren, grob behauenen Kopf. Wenn Sie das dann im Zusammenhang sehen, wenn Sie mit ihrem Blick wieder von unten anfangen und den sich immer mehr ballendenden Konturen folgen, dann lässt sich eine immense Dynamik und Steigerung beobachten. Sie sehen, wie sich etwas aufbaut, wenn man mit dem Blick beim rechten Fuß beginnend über die Blickbarrieren, wie sie durch den linken Fuß und das hochgestellte Bein gegeben sind, bis hin zum Höhepunkt über der Schulter folgt. Und über dieser Schulter kommt plötzlich in der Gestalt ein ganz anderes Prinzip zum Vorschein, der wenig beschlagene, fast rohe Stein. Das Ungebändigte des Steins, seine „Natur-Wirkung" wird hier zum Ausdruck der Figur. Beides spricht jetzt gleichwertig und steigert sich in seiner Wirkung: das Glatte, anatomisch exakt Ausgeformte des Körpers und das nahezu Ungestaltete, Unbewältigbare des Kopfes.

Stellen Sie sich mal vor, der Kopf wäre so glatt ausgeformt wie bei der Aurora. Hätte das dieselbe Qualität? Interessant ist auch, wie man hier gegen Widerstände bis zu der Schulter mit dem Blick herauf geht. Man kann den Eindruck haben, der Blick arbeite sich nach oben, ringe sich bis zur Schulter durch und steige dann ab. Auf dem Höhepunkt dieser Blickbewegung kommt dieser ungeheure, ganz andere anschauliche Akzent mit ins Spiel, wie er durch den Kopf als roh gebrochener Stein gegeben ist – sozusagen noch ein Stück Steinbruch an der Figur selbst, wo der Stein als etwas Unfertiges, Unbewältigtes auftritt.

Stellen Sie sich vor, was hier jetzt zusammenkommt: Das ist jetzt der Tag, der Mittag, also der Höhepunkt, und dann ist etwas darüber, was diesen Höhepunkt erhöht, aber ihn auch zugleich unten hält: der roh behauene Kopf. Und dann der Moment der Kehrtwende des Tages in der Haltung der Arme und des Kopfes. Früher hatte ich immer den Eindruck, das ist wie ein Sonnenaufgang hinter dieser Schulter, da kommt eben etwas Mächtiges hoch. Heute sehe ich nicht mehr nur ein Hochkommen, sondern einen ganz anderen, damit nicht verbundenen Akzent, der den Höhepunkt zum Höhepunkt macht. Man kommt nicht daran vorbei, man muss dort stehenbleiben: Mittag.

38 I Michelangelo, **Der Tag**, 1524–1531

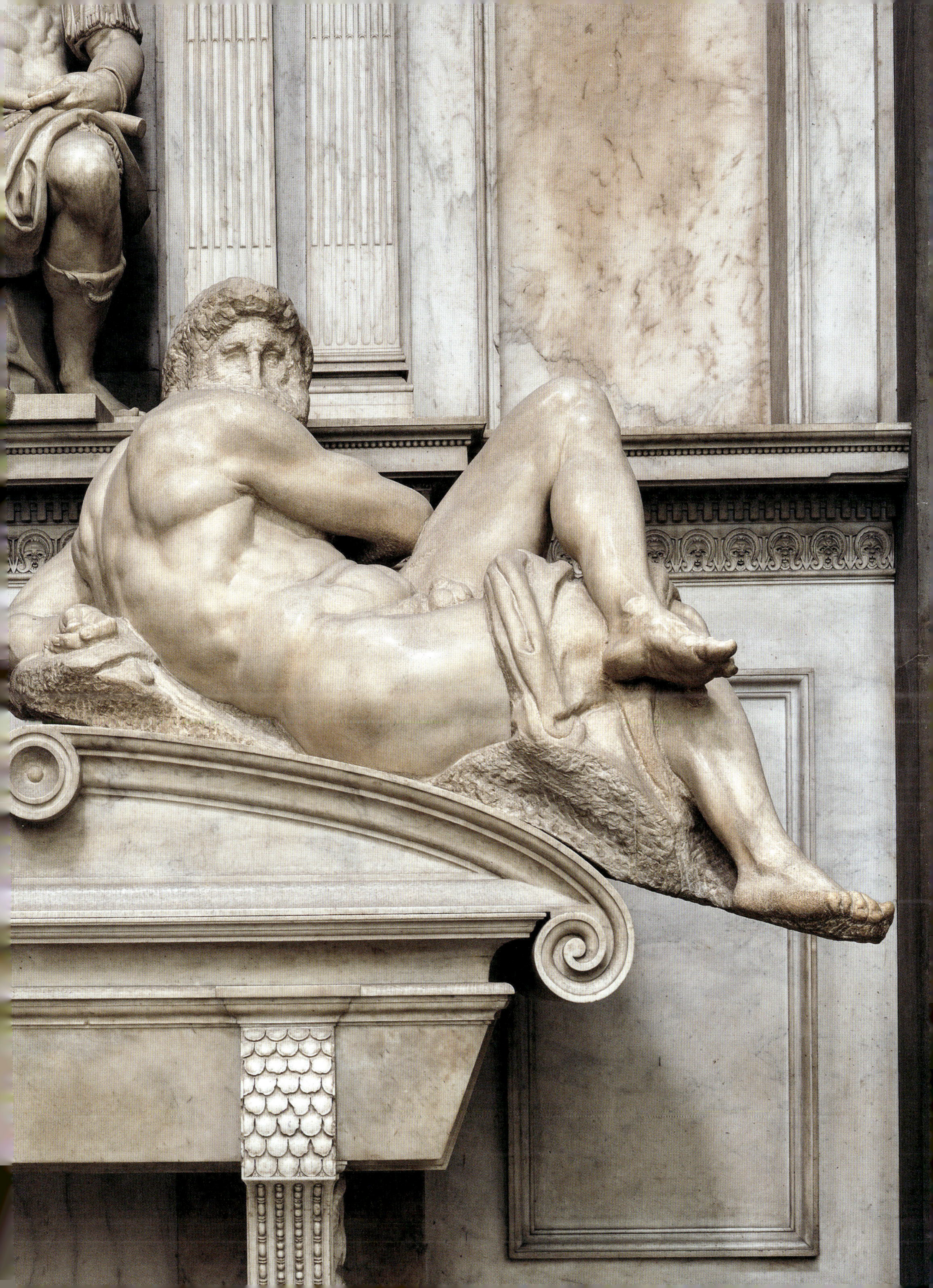

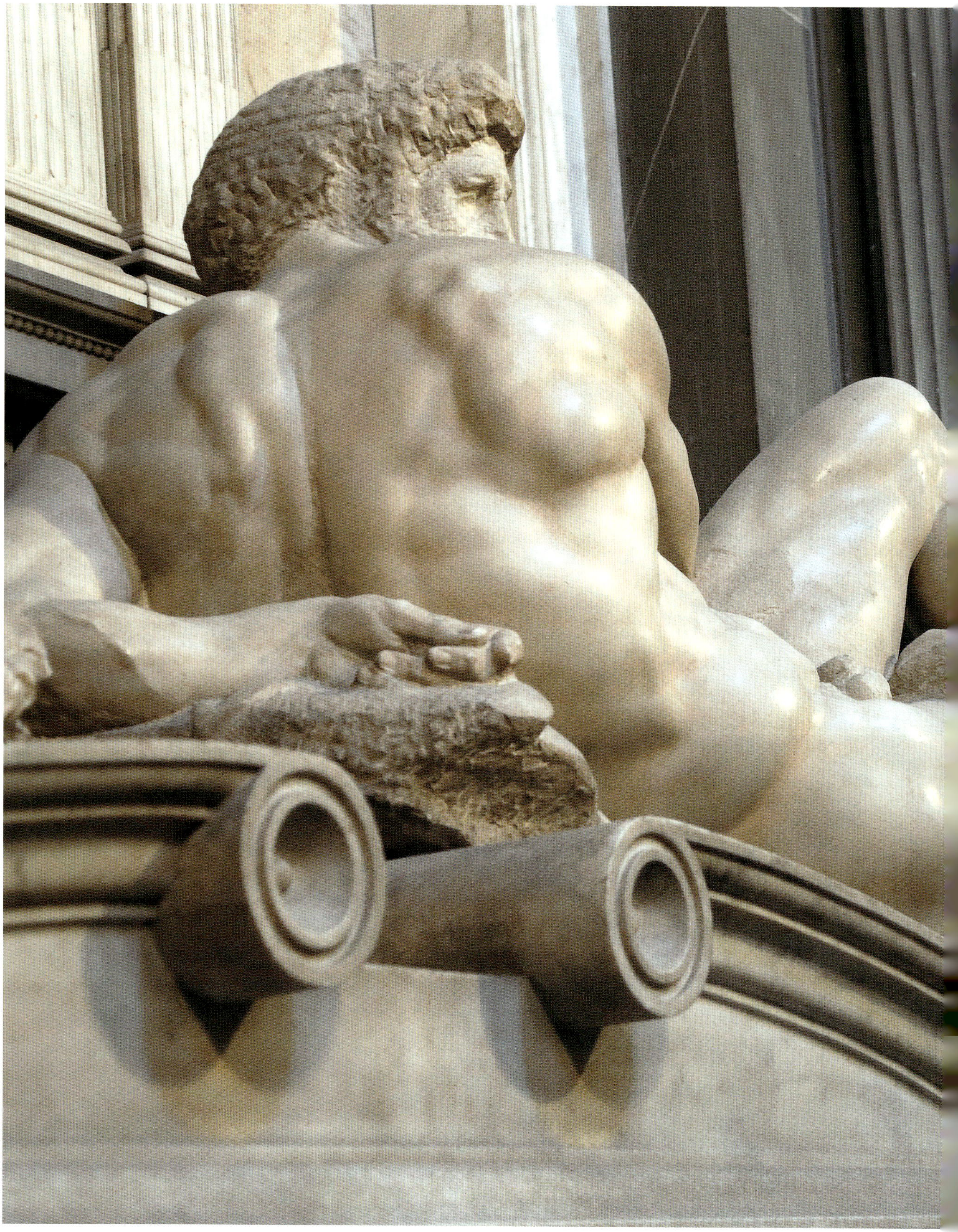

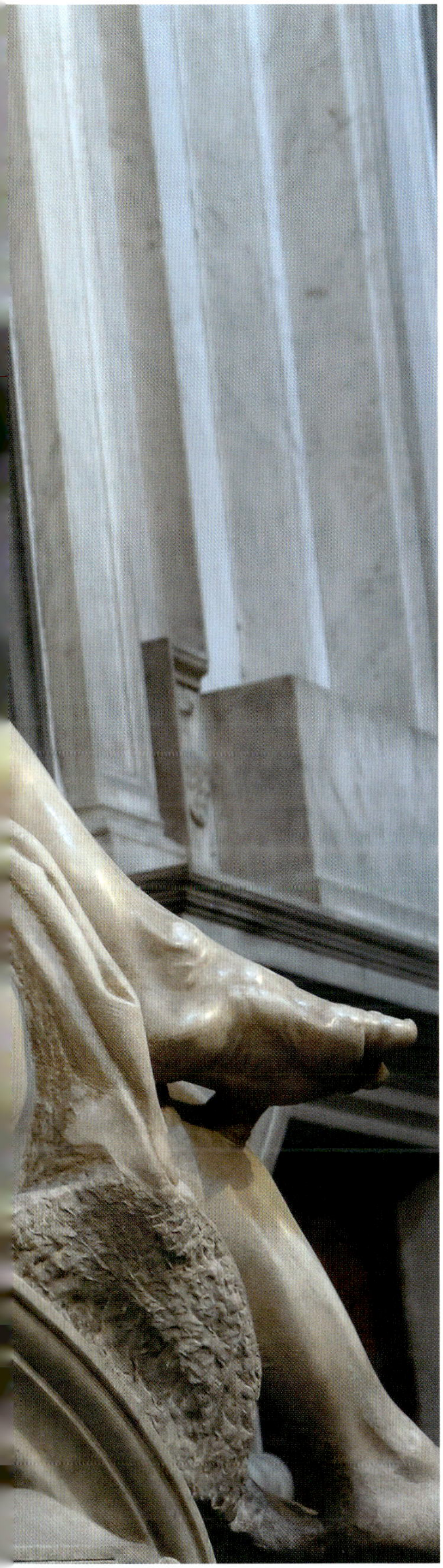

Man kann bemerken, dass das, was hier sichtbar wird, nicht mehr bringen würde, wäre es ausgefeilt und fertig gestaltet; dass dieser Ausdruckswert die optimale Wirkung ist für das, was diese Prozessualität, diese Blickerfahrung mit sich bringt. Da hört der Meißel auf zu schlagen und lässt eine Form übrig, die dem Zeitgenossen nur als unvollendet ins Bewusstsein treten konnte, die aber in aller künstlerischen Erfahrung, die davon dokumentiert ist, nie irgendwie als Anstoß genommen wurde. Heute ist es uns fast selbstverständlich zu sagen, das muss so sein, denn der Ausdruckswert dieser Figur verdankt sich vor allem der rau belassenen und nicht weitergeführten Gestaltung.

Was haben wir denn jetzt immer gemacht? Wir haben diese Figuren angeschaut, und dann haben wir geguckt, was wir tun, wenn wir die Figuren angucken, haben aus der selbst vollzogenen Gebärde, die wir nicht nur mit den Augen, sondern fast wie mit tastenden Händen gemacht haben, bemerkt, dass da Unterschiedliches ist.

Jetzt dürfen Sie mal nach vorne kommen und tasten. Was man im Museum eben nie darf, die Figuren anfassen. Also wir müssten doch noch ein Streichelmuseum machen, wo man das Licht ausmachen sollte und wo die Figuren nur dem Tastsinn zugänglich sind. Denn unser Auge ist sehr komplex. Unser Auge sieht nicht nur Hell und Dunkel und nicht nur Linien, sondern unser Auge hat auch latent in sich das Empfinden für das Gleichgewicht, aber auch das Empfinden für rau und glatt.

Streichen Sie mal in Ihrer Fantasie über die Schulter und den Kopf, da können Sie schon an dem Abbild sehen, dass das eine ganz andere haptische Erfahrung ist, dass wir sozusagen Fingerspitzenwesen werden, wenn wir das angucken und das Raue, was den Blick ein bisschen hindert darüberzustreichen und das Glatte in einem solchen Gegensatz sehen. So können wir bemerken, dass das nicht irgendwie gemacht ist, sondern eine Steigerung des Höhepunkts durch Kontrast ermöglicht: größtmögliche Gegensätze auf kleinstmöglichem Raum – sozusagen ein explosives Gemisch. Denkbar weiter auseinander könnte der Kontrast zwischen dem Oberkörper und dem Kopf nicht geführt sein. Er ist jedoch integriert in eine Gestalt und das verleiht ihr eine ungeheure Wirkung von Mächtigkeit: Wenn man davor steht denkt man, es springe einen ein Löwe an. Aber das ist alles vitalisiert – man versucht eben Worte zu finden.

39 | Michelangelo, **Der Tag**

„Wir lernen über das Kunstwerk dasjenige zu sehen, was das Kunstwerk überhaupt erst zur Anregung hatte, um sich auszugestalten."

Wenn Sie wieder an die *Nacht* denken, bei der alles wunderbar in sich schwingt und geglättet ist, dann bemerken Sie, dass Michelangelo nicht nur Tag und Nacht, Morgen und Abend symbolisiert, sondern etwas zur Anschauung bringt, sodass umgekehrt unsere prozessuale Erfahrung von Nacht, Morgen, Tag und Abend eine andere Qualität bekommen kann. Wir lernen über das Kunstwerk dasjenige zu sehen, was das Kunstwerk überhaupt erst zur Anregung hatte, um sich auszugestalten.

Es bleibt also kein Auge trocken, wenn man es so sagen will, denn es ist nicht nur – etwas umgesetzt – eine Allegorie der Nacht und des Tages in einem Steinblock und jetzt guck mal, ob Du es wiedererkennst –, sondern dem Prozess der in der Nacht, im Morgen, am Tag und im Abend liegt, kommt etwas in die Gestalt als eigene anschauliche, mit unseren ganzen Sinnen zu erfassende Erfahrung. Diese Erfahrung wiederum wird zum Schlüssel für ein vertieftes inneres Verstehen der Prozessualität der Tagesqualität, der Tag- und Nachtqualitäten unseres Lebensbereichs, unserer Zeiterfahrung, denn „Tag" und „Nacht" sind ja das Urbild der Zeiterfahrung.

Wenn wir eine Uhr angucken, dann haben wir ja den Gang der Sonne durch den Tierkreis in ein kleines mechanisches Äquivalent umgesetzt. In Michelangelos Skulpturen haben wir indes steinerne Raumgebilde vor Augen, die uns im Anschauen über die Sinne Qualitäten von Raum und Zeit unmittelbar zugänglich machen können.

40 I Michelangelo, Kopf der *Nacht*, des *Morgens*, des *Abends* und des *Tages*

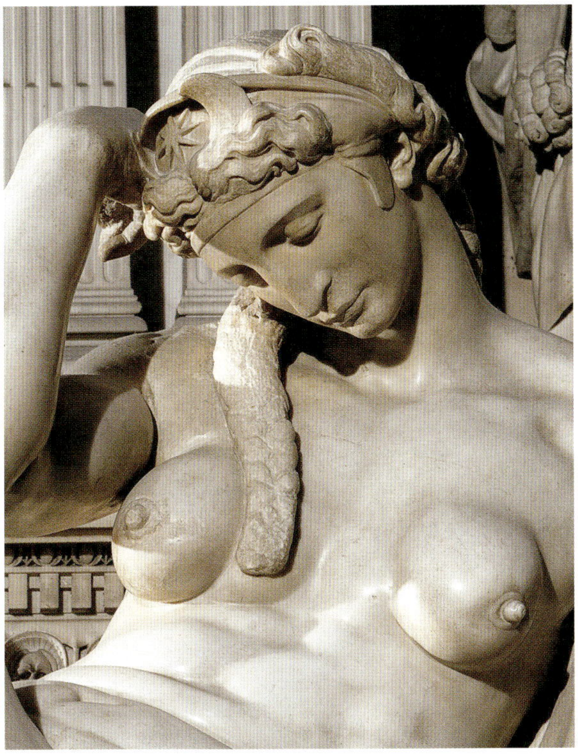
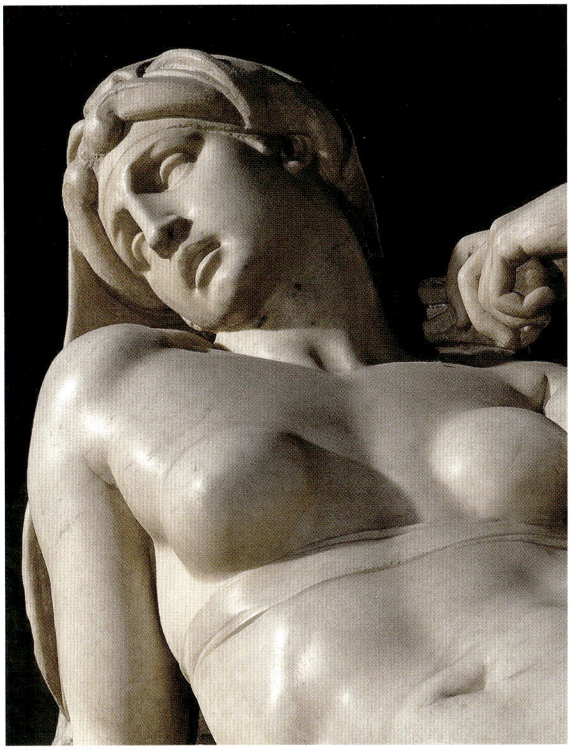
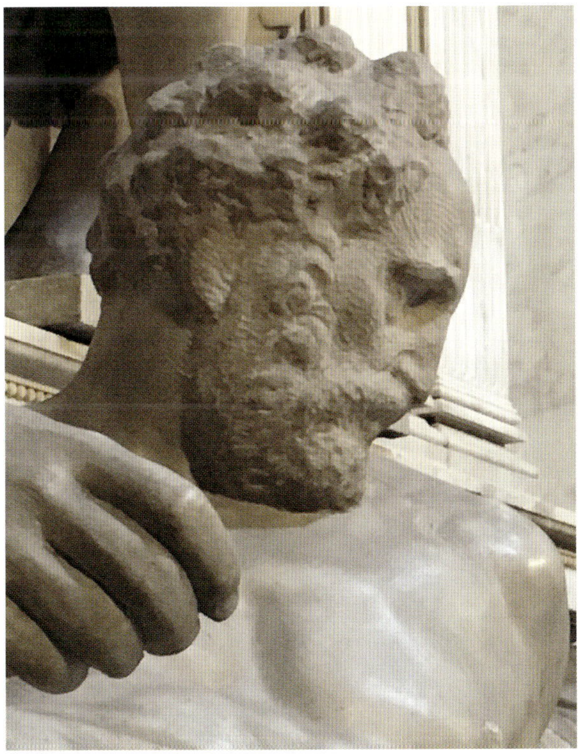
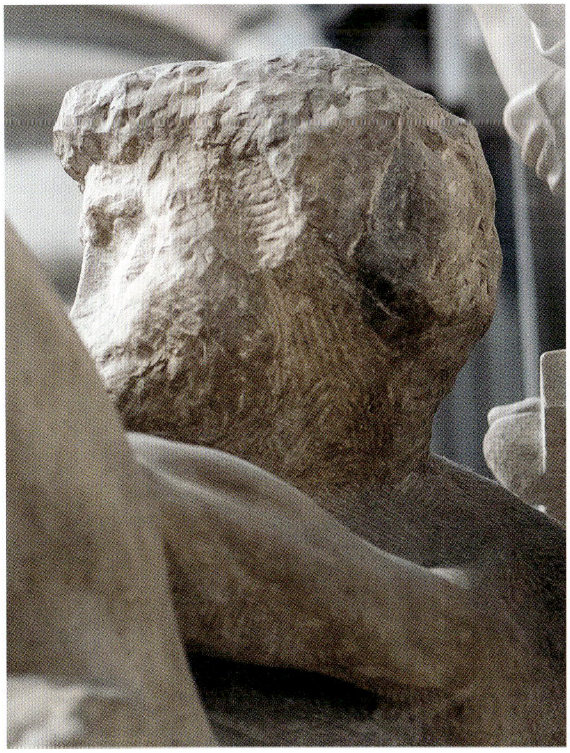

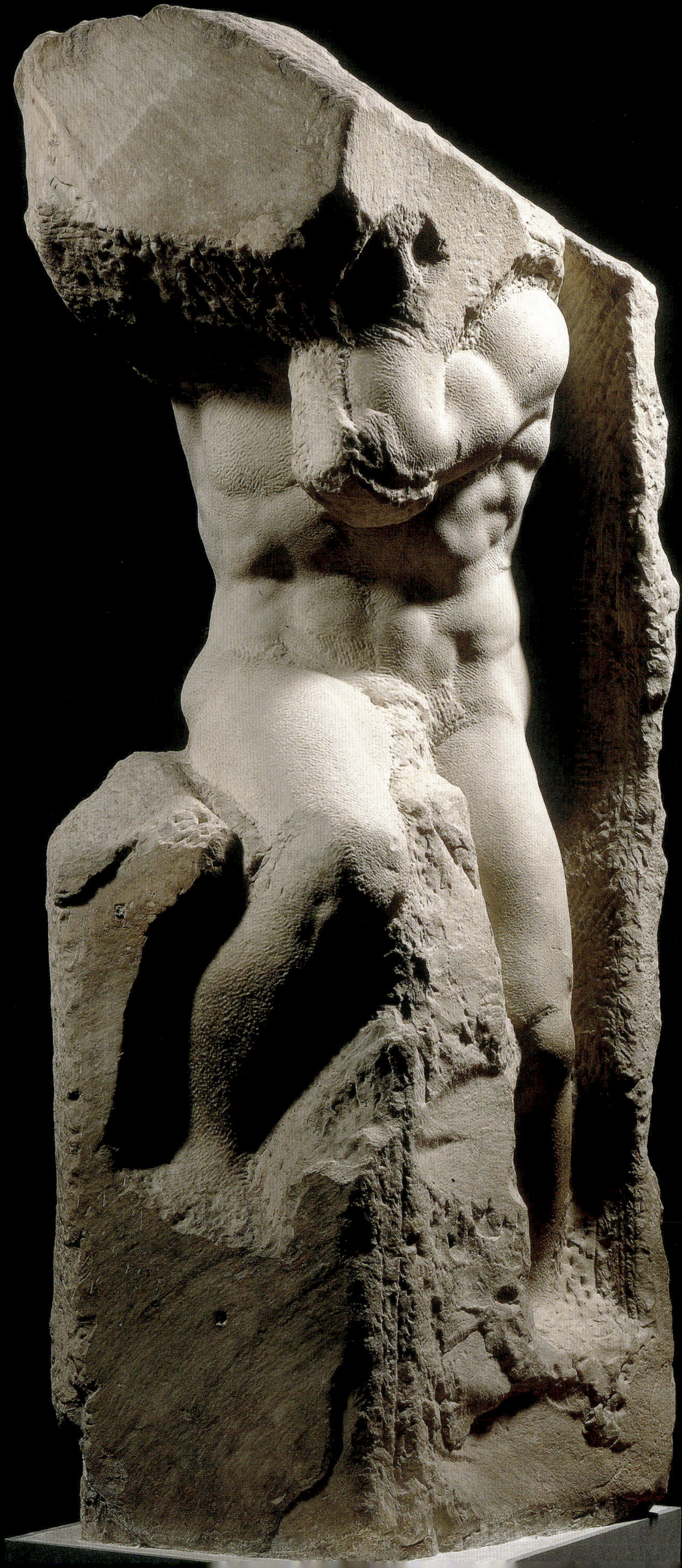

IV. VOM STEIN ALS WIDERSTAND UND ANLASS ZUR IDEENBILDUNG

„Ich sah Michelangelo bei seiner Arbeit zu. Er hatte die 60 schon überschritten, und obwohl er nicht besonders kräftig gebaut war, ließ er in einer Viertelstunde mehr Splitter von einem harten Marmorblock stieben als drei junge Bauleute in einer Stunde. Niemand könnte das glauben, der es nicht mit eigenen Augen gesehen hat." [20]

Bericht des französischen Diplomaten und Augenzeugen Blais de Vigenère, nach einem Atelierbesuch bei Michelangelo

*„Wenn hier mein Hammer formt aus hartem Stein
bald die, bald jene menschliche Figur,
folgt er der Hand des Meisters und der Spur,
die sie ihn führt, und regt sich nicht allein.“* [21]

Michelangelo

Nun kommen wir zurück zu jenen Sklaven, die für die *Boboli-Gärten* in Florenz geplant waren. Sie sollten in den Eckpfeilern einer Grotte stehen und daher vielleicht tatsächlich unvollendet bleiben, obwohl dieser Grad von Unvollendetheit nun gerade die Chance bietet, sich mit ihr zu befassen. Sie sehen an der Aufnahme, wie unfertig und roh diese Gestalt großenteils noch ist.

Wir haben hier eine Figur vor Augen, die sich sozusagen freiringt aus ihrer Gefesseltheit. Deswegen wird von den gefesselten, sich befreienden Sklaven gesprochen, obwohl niemand gesagt hat, dass es Sklaven oder dass sie gefesselt sind. Das Freiringen ist das Freiringen der Figur in unserer Vorstellung aus dem umstehenden Stein, aus den Umständen.

In einem seiner Gedichte beschreibt Michelangelo, dass es so ist, als ob er eine Spur aufnimmt und der Stein ihm den Weg zeigt. Die erste anfängliche Idee ist wohl der Beginn der Arbeit, aber sie gestaltet sich um im Umgang mit dem Stein, und plötzlich hört er auf. Warum? Weil unter Umständen jetzt mehr zu sehen ist als je zu sehen wäre, würde die Figur weiter gestaltet. Denn das Verhältnis zu dem umliegenden Material wird selbst zum Thema.

41 I (S.86) Michelangelo, **Atlas-Sklave**, 1520–25
42 I Michelangelo, **Atlas-Sklave**

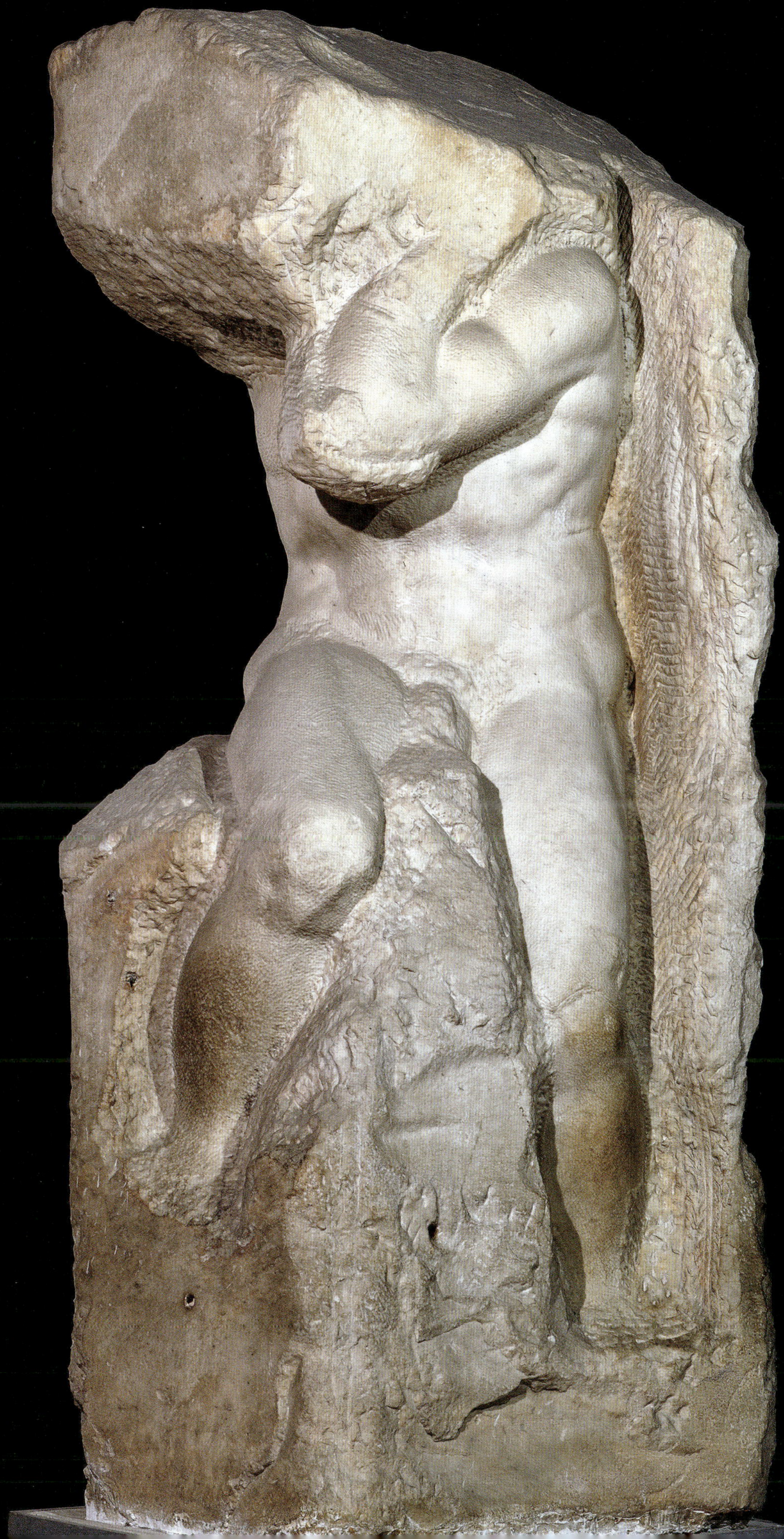

Beim Umschreiten dieser Skulptur sieht man immer wieder, wie der Meißel tastet und wie diese Gestalt sich herausarbeitet bis zu dem kritischen Punkt, wo sie sozusagen schon gesichert ist. Ab dann ist jeder weitere Schlag überflüssig.[22]

Wie nun der Kopf hier enthalten ist oder nicht, das ist eine Frage an die vollendende Phantasie des Anschauenden. Das plastische Wissen von dem Ort eines anatomischen Details wird ganz anders: Wir kommen in Bewegung, und diese Bewegung bringt uns dazu, unsere fertigen Begriffe ebenfalls in Bewegung zu bringen und angesichts des spezifisch gestalteten Steins nun weiterzubilden. Es kehrt sich um: Wir haben hier nicht wie beim *David* einen fertigen Begriff anhand des fertigen Steins, sondern dieser Stein bringt unsere Phantasie in Richtung auf ein Fertiges in Bewegung. Der Stein aber ist fertig, insofern er genau diesen Prozess optimal in die Wege leitet.

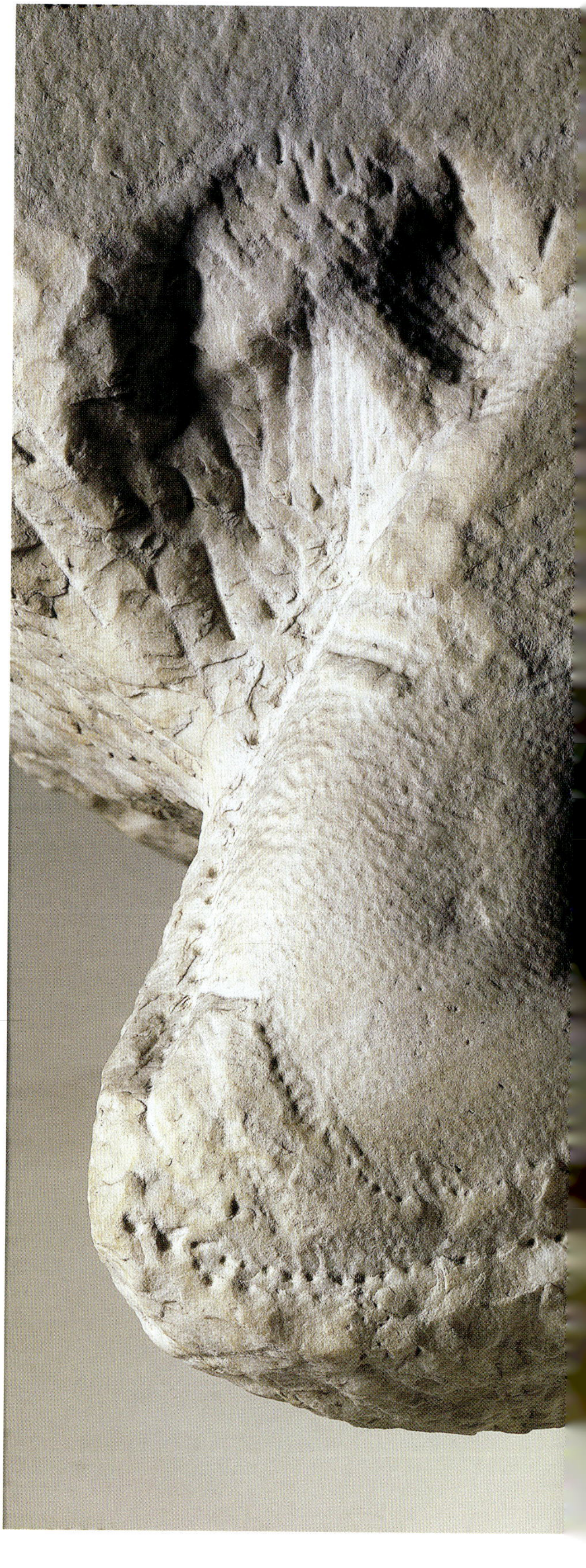

43 | Michelangelo, **Der Atlas Sklave**, 1520–1525 (Detailansicht)

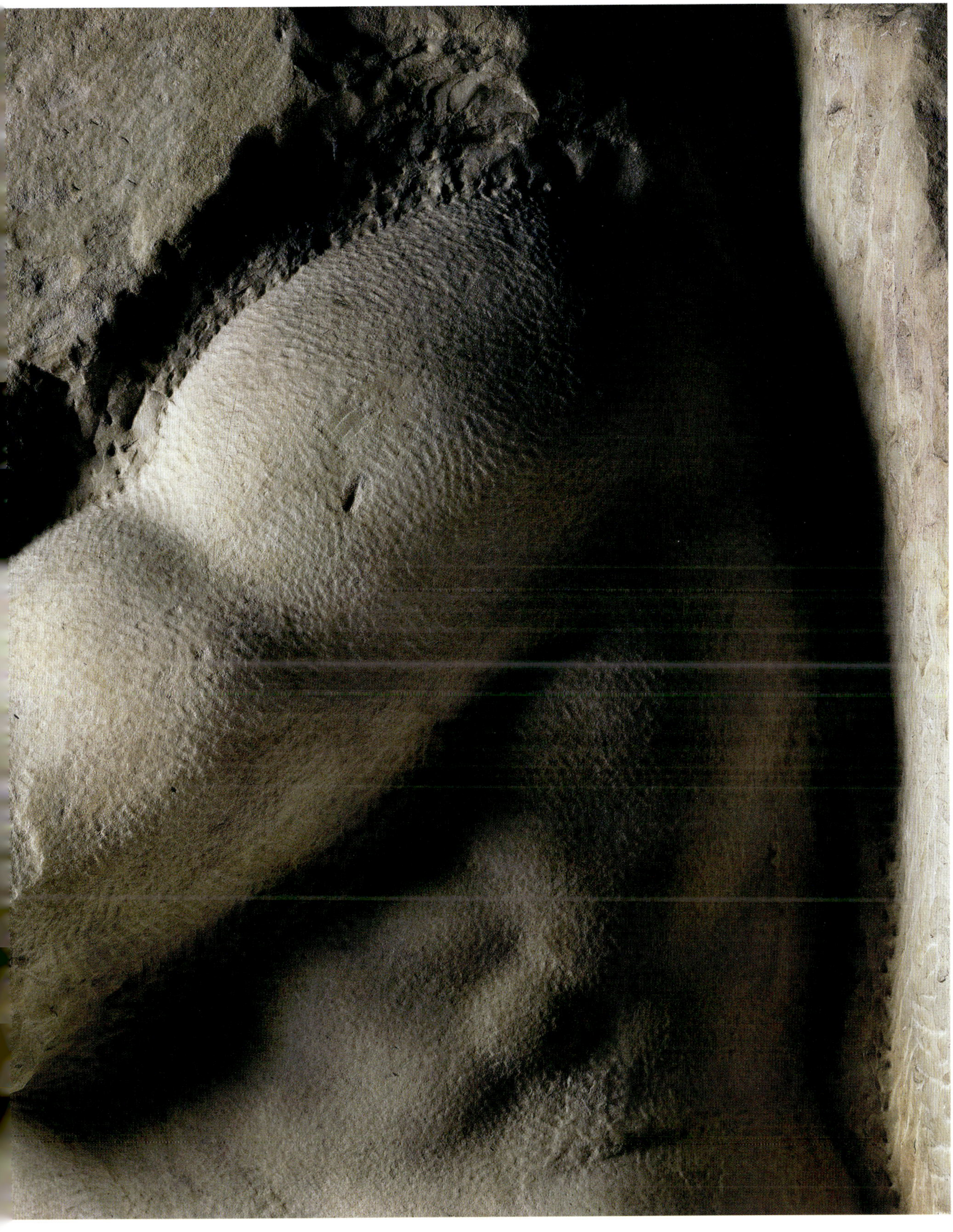

Und damit kommen wir auch zum Ende. Wir sehen nun, wie an einer solchen Raumgestalt das Flächige im Plastischen erscheint und wie an den Oberflächen sich ein differenziertes Licht- und Schattenspiel zeigt.

Michelangelo gelangt in der Darstellung dieser *Pietà* dazu, den Verstorbenen – das Vollendete – in vollendeter Weise zu glätten, während die Gestalten, die ihn tragen, die noch lebenden Figuren, „unfertig" sind.[23] Anders ausgedrückt kann an den beiden grundsätzlichen Tastqualitäten „glatt" und „rau", an den Modifikationen im Arbeitsprozess am „Partner" Stein erlebbar werden: Der tote Leib ist vollendet, die „unfertigen" Figuren lebend. Und plötzlich wird etwas fassbar von der Qualität des Lebendigen selbst.

Wenn man das so kurz sagt, ist das natürlich übertrieben und nur als eine Anregung zu verstehen: dass die Qualität dort, wo der Stein sich selbst zeigt, eine ganz neue Dimension des Verstehens eröffnet.

44 | Michelangelo, **Pietà Palestrina**, um 1550/1560 (ungesicherte Zuschreibung)

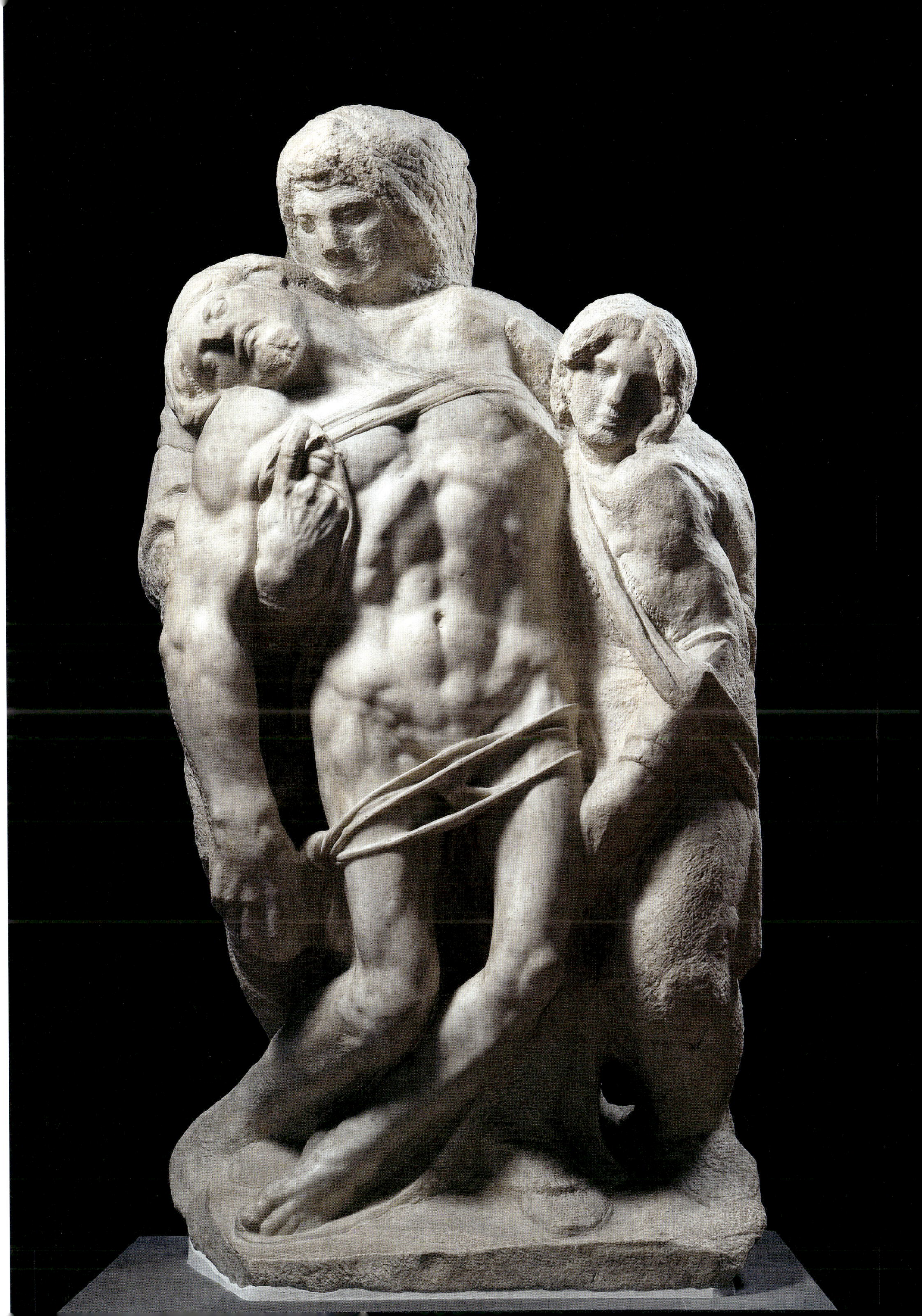

„Augenblicklich hat er ein Marmorwerk unter den Händen, dass er zu seiner eigenen Freude macht als Einer, der so voll an Einfällen und Kraft ist, dass jeder Tag Etwas gebiert.“ [24]

Ascanio Condivi, 1553

Wir können auch an dieser großen Figurengruppe, deren Zuschreibung – anders als bei der Palestrina-Pietà – nicht in Zweifel steht, das soeben erwähnte Element beobachten. Auch hier sehen wir den Verstorbenen mit einem vollendeten Leib dargestellt und die lebenden, ihn stützenden Figuren roh belassen.

Sie werden vielleicht schon bemerkt haben, dass die Gestalt auf der linken Seite „fertiggestellt“ wurde. Tiberio Calcagni (1532–1565), ein Schüler Michelangelos, meinte es gut und hat es eins zu weit getrieben, denn die Figur war ursprünglich so „unvollendet“ wie die Figur auf der rechten Seite. Er hatte das Prinzip, dass sein Meister die lebendigen Figuren hier unvollendet darstellt, nicht erkannt. So kam es zu dem Missverständnis, das nun zu Ende zu bringen, zu vollenden.

45 | Michelangelo, **Florentiner Pietà**, 1547–1555

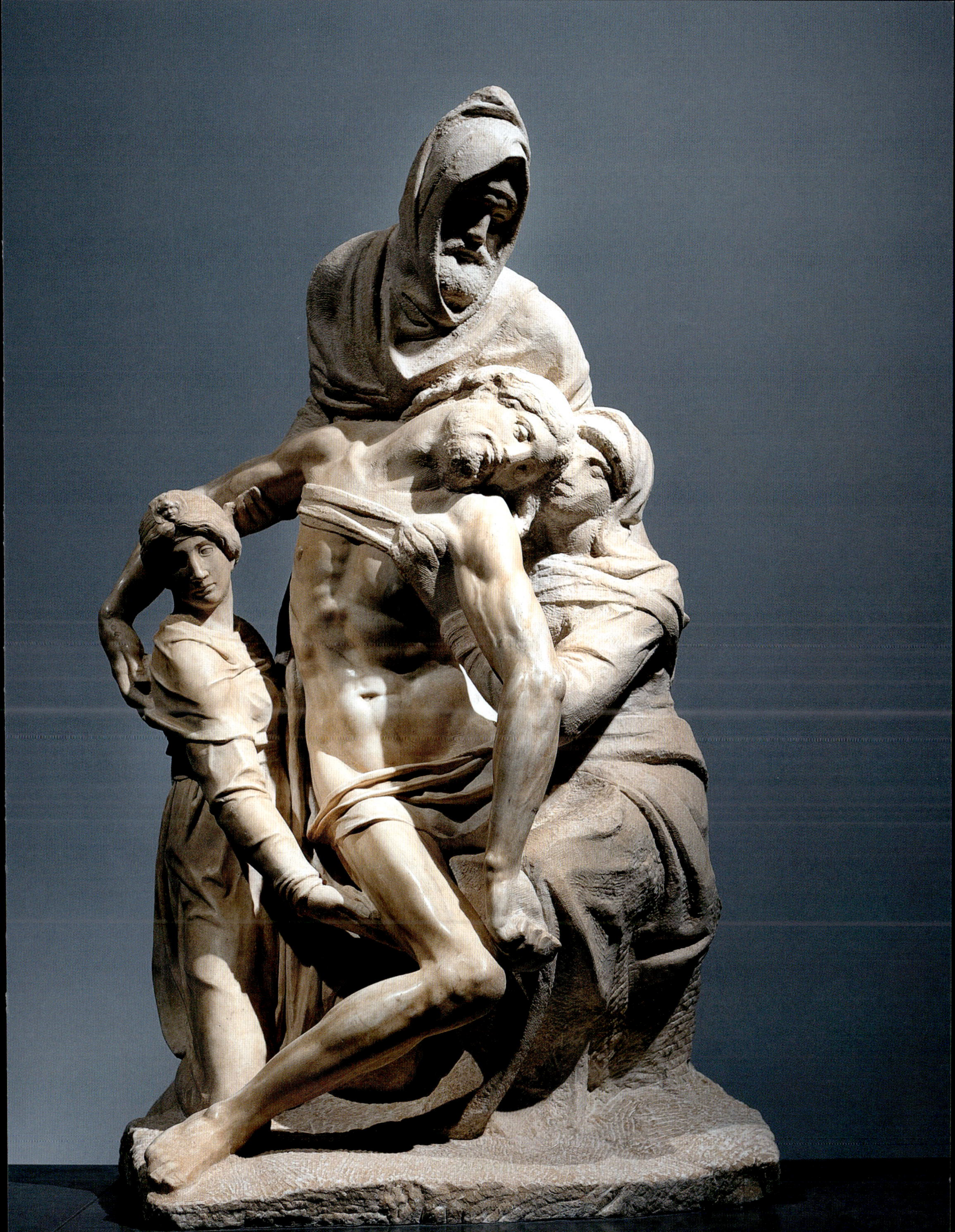

Und wenn Sie nun sehen, was sich hier vollzieht, dann werden Sie bemerken, dass diese ganzen Binden und Tücher eine stark blickleitende Funktion haben. Das ganze Gebilde „lebt", ist wie ein Rückgriff auf die *Madonna an der Treppe* des ganz jungen Künstlers (S. 46). Wir finden hier ebenso – wenn auch in subtilerer Weise – starke, starre Strukturen, die mit bewegt-linearen Strukturen überwölbt sind.

Durch die Stereometrie der Skulptur kommen wir als Betrachtende aus einem Raumeindruck in eine Zeitbewegung und haben plötzlich eine plastische Erfahrung, in der das Bild der Welt dieses Gegenübers entsteht. So erscheint mir diese Arbeit wie ein Kompendium seines gesamten Schaffens.

46 | Michelangelo, **Florentiner Pietà**, 1547–1555

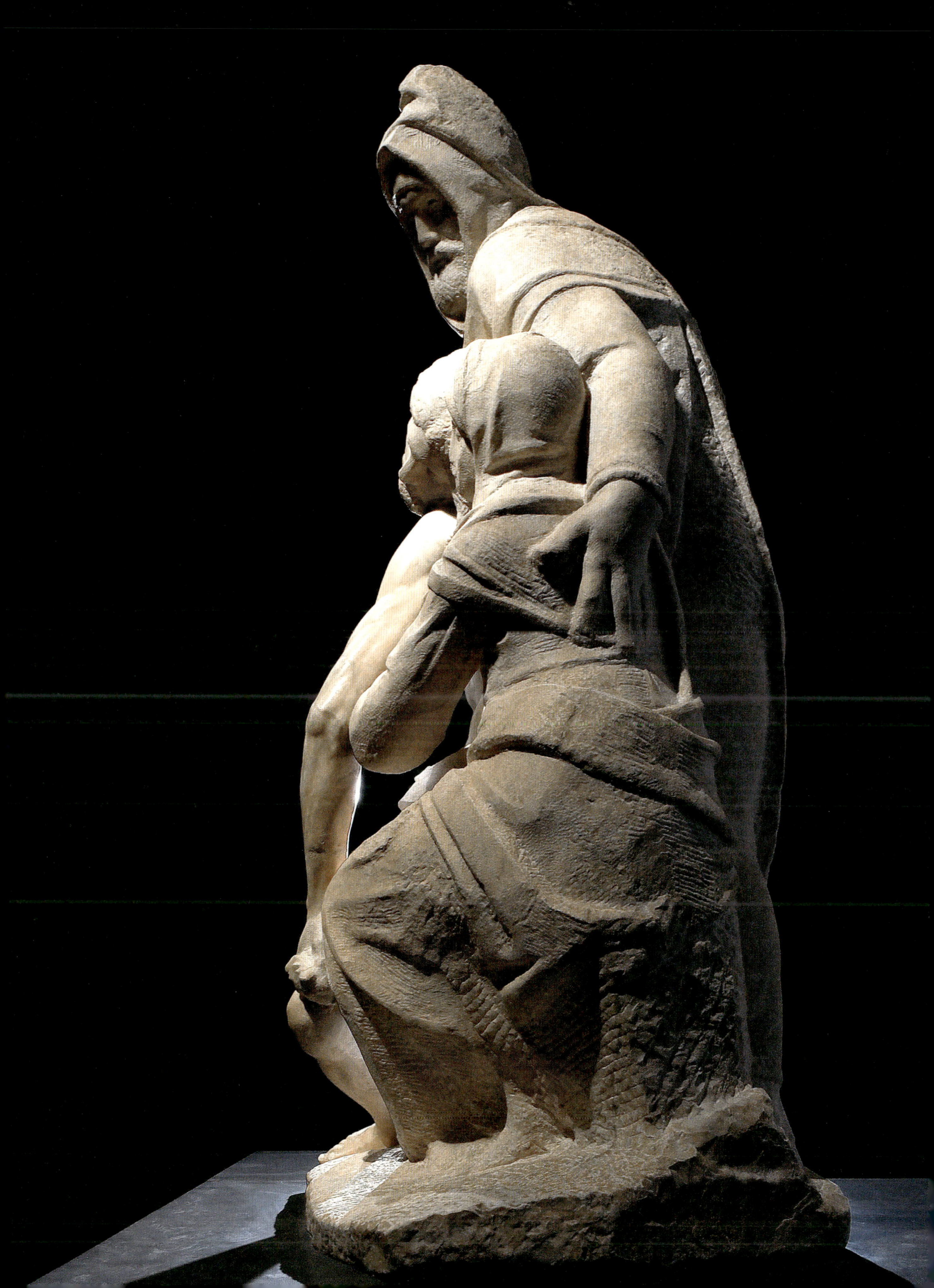

„Der Stein ist ständiger Anlass, das finito unserer Begriffe aufzuheben. Er ist immer mehr als wir begreifen.“[25]

Michael Bockemühl

Der Stein – welche Rolle spielt der hier? Er ist nicht mehr das Substrat, in dem die Idee versinnlicht wird. Der Stein ist der Widerstand, an dem sich die Bewegung unseres Anschauens zutragen kann. Und der Künstler ist der „Autor“, der dem Stein diese Gestalt gibt, die uns als fertige, so und nicht anders strukturierte Form in einen Prozess bringt, der selbst immer und prinzipiell non finito – unbegrenzt – ist. Wir werden als Anschauende in einen unabschließbaren Prozess von Ideenbildung hineingeführt – durch den Stein in ein lebendiges Erfassen der Idee.

Ich danke Ihnen sehr für Ihre Mitarbeit.

47 I Michelangelo, **Florentiner Pietà**

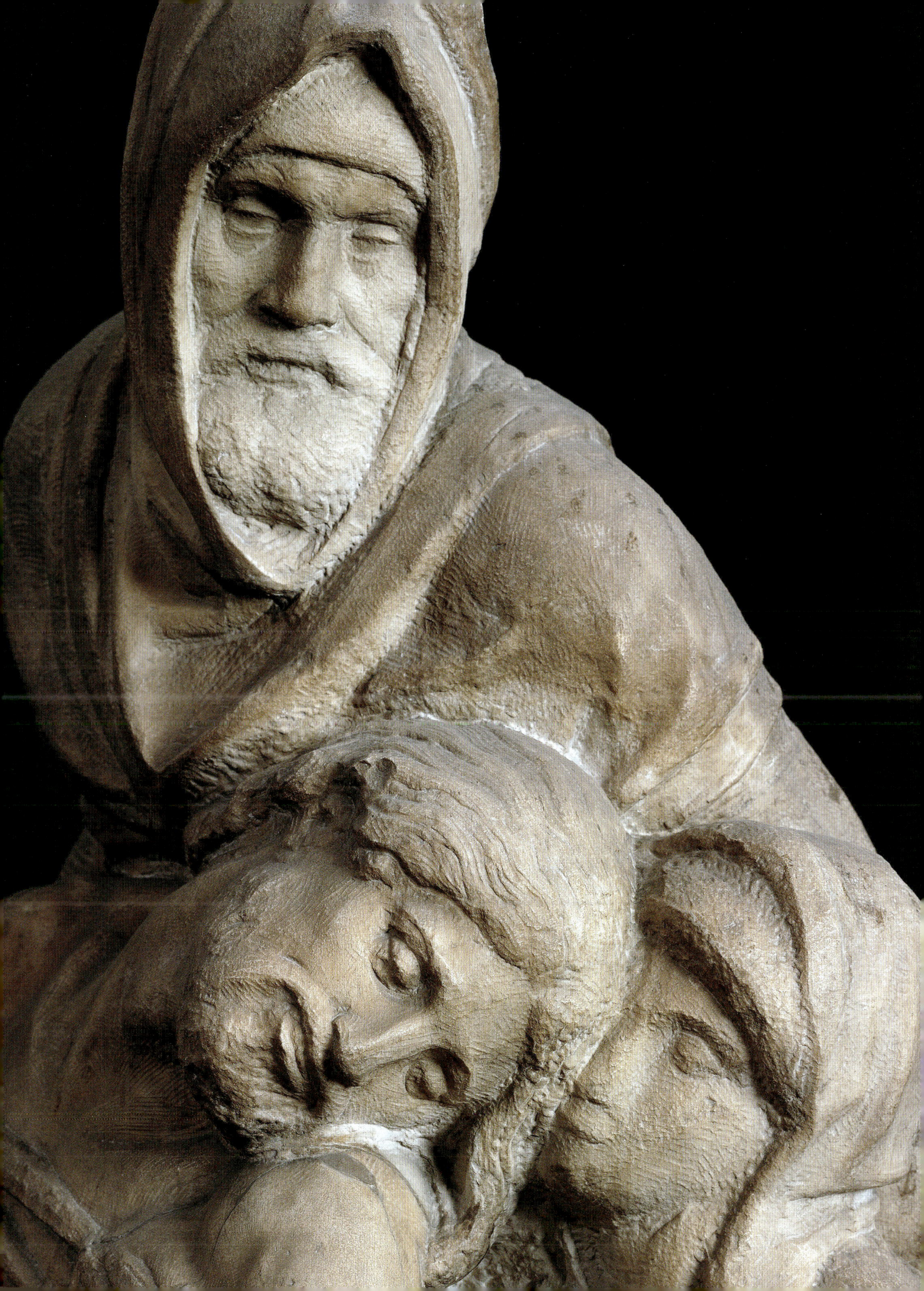

VON FRUCHTBARER LANGEWEILE

Als Mitherausgeberinnen dieser Vorlesung hatten wir – Carla Tenthoff und Melanie Laskowski – die Gelegenheit, uns mit den Ausführungen Michael Bockemühls zu Michelangelo gründlich auseinanderzusetzen. Melanie konnte seine Anregungen an der Skulptur des *David* in Florenz erproben und wird im Folgenden von Carla über ihre Erfahrungen befragt.

C.T.: Liebe Melanie, du warst mit David Hornemann v. Laer auf einer Exkursion in Florenz. Ihr habt Euch volle drei Stunden Michelangelos *David* angeschaut. Wie war das für Dich?
M.L.: Es war hochinteressant und zugleich sehr herausfordernd. Mir fiel während der ausgedehnten Betrachtung auf, dass der Prozess der Wahrnehmung in unterschiedlichen Phasen verlief. Am Anfang war die Aufgabe klar. Wir hatten drei Stunden Zeit, die Statue anzuschauen und dabei folgende Fragen zu klären:

1. Wie verwandelt sich im Umschreiten der Eindruck vom David – wie wird die Statue aus den unterschiedlichen Perspektiven ansichtig?
2. Was macht die Statue mit mir – welche Wirkungen erfahre ich im Anschauen?
3. Wie ist meine Beziehung – wie verwandelt sich das Verhältnis im Umgang um die Statue?

Wie die anderen fing ich an, um die Skulptur herumzugehen, mir eifrig jedes Detail anzusehen und Antworten auf die Fragen zu finden. Dabei bemerkte ich, wie sich mein Vorwissen über den *David* und seinen Schöpfer in meinen Gedanken in den Vordergrund drängte. Ich begann mich zu fragen, ob das, was ich gerade denke mit dem übereinstimmt, was ich aktuell sehe. Ich beobachtete, wie mein Vorwissen immer wieder die Sicht einzuschränken und auf das zu reduzieren drohte, was mir bereits bekannt war.

C. T.: Wie bist du damit umgegangen? Was genau wolltest Du damit erreichen?
M.L.: Ich habe es mir zur Aufgabe gemacht, mein Urteil so lange wie möglich hinauszuzögern und den eigentlichen Wahrnehmungsraum möglichst lange offen zu halten.

Um sicherzugehen, dass ich nicht irgendetwas in das Kunstwerk hineininterpretiere, habe ich versucht, mich bei jedem Detail zu fragen, woran ich mein Urteil festmache. Also wie ich durch die Betrachtung zu einer Annahme – einem Urteil – gekommen bin.

C.T.: Das klingt interessant und anstrengend ...
M.L.: Dieser Prozess des ausgedehnten Hinschauens, des Ordnens der Gedanken, während man sich entgegen der Menschenmenge bewegt, ist wirklich sehr herausfordernd. Manchmal ist die eigentliche Aufgabe der Betrachtung dabei fast in den Hintergrund gerückt. Ich habe mich deshalb nach einer Weile für eine kleine Pause an den Rand zurückgezogen. Und dann trat etwas sehr Interessantes ein: Mir wurde langweilig. Aber dadurch konnte etwas Wunderbares entstehen. Plötzlich waren die Gedanken darüber, was ich weiß oder glaubte, wissen zu

müssen, nicht mehr im Wege. Das Störende war erschöpft und ich hatte das Gefühl, jetzt erst wirklich hinschauen zu können. Dabei habe ich die eindrücklichsten Beobachtungen gemacht.

C.T.: Ist Dir dabei ein konkreter Moment besonders in Erinnerung geblieben?
M.L.: Mich hat sehr fasziniert, die Skulptur von einem der entferntesten seitlichen Punkte aus zu betrachten und dann zu entdecken, wie sich der Ausdruck des *David* beim Darauf-Zulaufen veränderte: Von stolz über ängstlich bis hin zu überlegen und siegesgewiss, aber auch reumütig und zurückweichend – alle diese und weitere Emotionen waren hier zu beobachten und es entstanden somit äußerst vielfältige, ja widersprüchliche Eindrücke, die die Figur lebendig erscheinen ließen (siehe S. 26). Voraussetzung dafür war, dass ich mich selbst in Bewegung befand, um die Figur herumging und sie von allen Seiten betrachtete, sodass sich dieser ungeahnte Facettenreichtum erst offenbaren konnte. Durch diesen Prozess erkannte ich, dass Michelangelo nicht bloß einen bestimmten Zeitpunkt der Auseinandersetzung zwischen David und Goliath ansichtig werden lässt, sondern den Kampf in einer Figur zeigt. Zudem weckte die riesenhafte Größe der *David-Statue* eine Assoziation mit der Figur des *Goliath*, während ich mich als Betrachtende in der Rolle des kleinen *Davids* wiederfinden konnte. Also wird eine Umkehr und Rollenverschiebung ermöglicht, in der ich selbst zur Protagonistin werden konnte.

C.T. Was nimmst du mit?
M.L.: Für mich ist die Frage entscheidend, unter welchen Bedingungen das Sehen stattfindet und was es braucht, um zu einem unbefangenen Wahrnehmen und unvoreingenommenen Urteilen kommen zu können. Wenn wir uns im Alltag etwas anschauen, haben wir oft schon einen passenden Gedanken, ein Urteil parat, mit dem wir das, was wir sehen, unmittelbar eingruppieren und bewerten können – das passiert meist unwillkürlich – also immer dann, wenn wir etwas erkennen. Es ist aber das eine, etwas wahrzunehmen und etwas anderes, das, was wir erleben, zu beurteilen. Das Momentum der Langeweile kann dabei ein hilfreiches Mittel sein, um diesen Vorgang zu beobachten.

Und noch etwas habe ich als Essenz mitnehmen können: Wir müssen diese Widersprüche vielleicht zulassen, ohne gleich zu versuchen, alles auf eine Ansicht oder eine Wahrheit reduzieren zu wollen. Die Widersprüche ergeben letztlich das ganze komplexe Bild, von dem wir immer nur einen Teilaspekt zugleich auffassen können. Das lässt sich am *David* sehr gut erfahren und wir können uns darin üben, auch im Alltag dieses Fenster ein kleines bisschen länger offenzuhalten und nicht voreilig zu urteilen.

Carla Tenthoff und Melanie Laskowski

MICHELANGELO DI LODOVICO BUONAROTTI SIMONI

„Keine Erkenntnis der Geometrie oder Arithmetik, keine Erfahrung der Perspektive nützt dem Menschen etwas ohne das Auge, das heißt, ohne Übung des Auges im richtigen Sehen." [27]

Michelangelo

1475
6. März: Michelangelo di Lodovico Buonarroti Simoni wird in Caprese in Caprese bei Florenz als zweiter von fünf Söhnen geboren.

1488
Aufnahme in die Werkstatt des florentinischen Malers Domenico Ghirlandaio.

1489
Eintritt in die Kunstschule Lorenzo de' Medicis, der die bedeutendsten Wissenschaftler, Philosophen und Künstler seiner Zeit an einem Ort versammelt.

1490–1492
Lorenzo de' Medici nimmt Michelangelo wie ein Familienmitglied in seinen Stadtpalast auf. Es entsteht das Marmorrelief *Madonna an der Treppe.* (S.45)

1494–1495
Aufenthalte in Venedig und Bologna.

1496
25. Juni: erste Reise nach Rom. Es entsteht die Statue des *Bacchus* (S. 51 ff.) im Auftrag des Kardinals Raffaele Riario.

1498–1499
Die *Pietà* für die Peterskirche in Rom entsteht.

1500
Michelangelo hört in Rom Vorlesungen des Kopernikus über Mathematik und Astronomie. Er beginnt, eigene Gedichte zu verfassen.

1501–1504
16. August 1501: Auftrag der Wollweberzunft und der Vertreter der Domopera für eine David-Statue aus Marmor.
4. Mai 1504: Die Statue ist vollendet und der sie umgebende Bretterzaun wird entfernt.

1505
Papst Julius II. beauftragt den Künstler mit dem Bau seines *Grabmals.*

1508–1512
Ausführung des *Sixtinischen Deckengemäldes.*

1517
Anschlag der 95 Lutherschen Thesen gegen den Ablasshandel an der Schlosskirche von Wittenberg.

1519
Auftrag für die *Medici-Grabkapelle* und deren Ausgestaltung.

48 | Raphael, **Michelangelo als der vorsokratische Philosoph Heraklit**, Ausschnitt aus **Die Schule von Athen**, 1510–1511

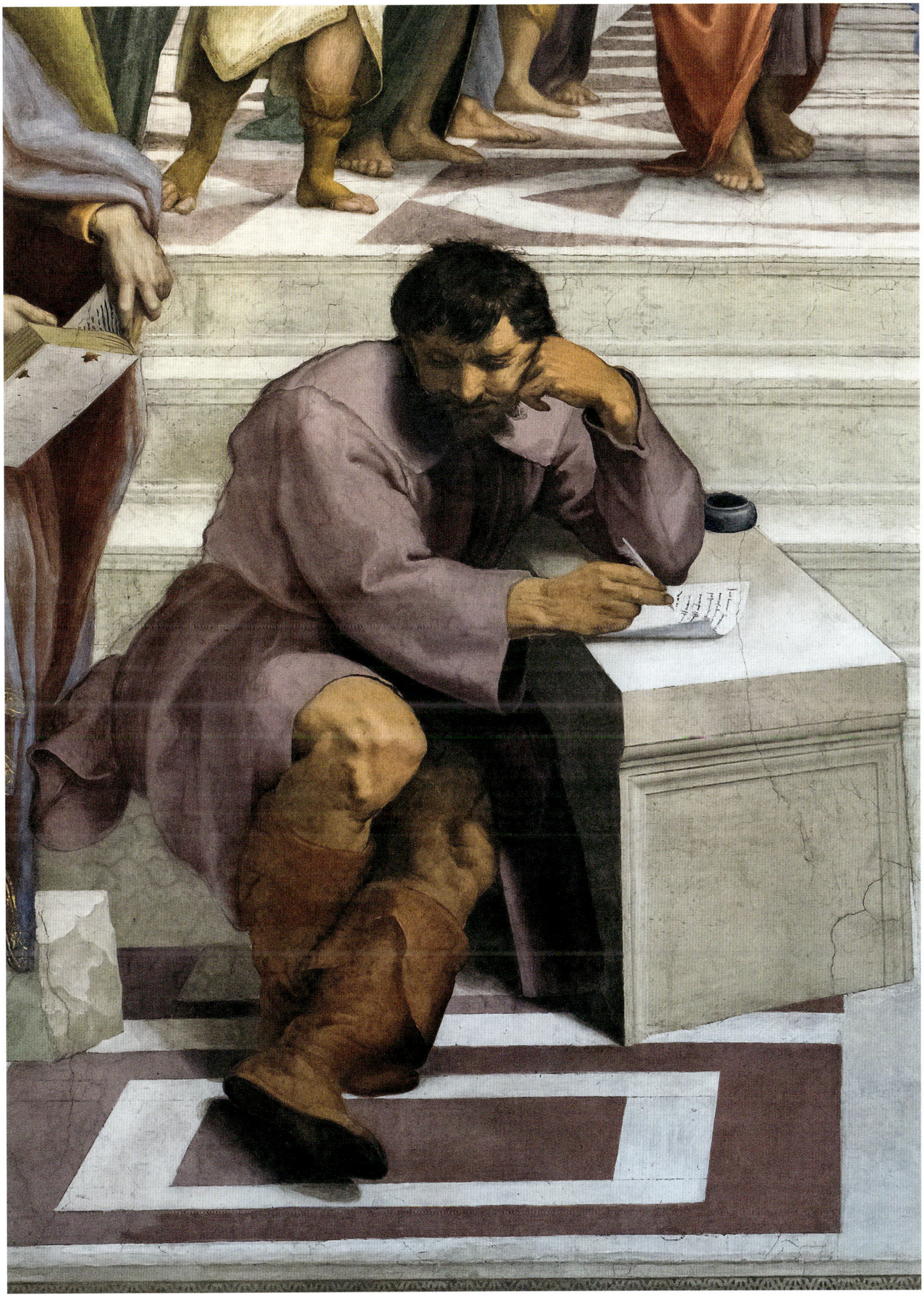

„Ich bin ein Mensch, der so zur Liebe veranlagt ist wie kein anderer, der je geboren wurde. Wann auch immer ich einen kennen lerne, welcher irgendeine Tugend besitzt oder geistige Beweglichkeit zeigt oder etwas besser zu tun oder zu sagen weiß als andere, so muss ich mich in ihn verlieben und mich ihm so völlig hingeben, dass ich nicht mehr ich selbst bin, sondern ganz ihm gehöre.“ [28]

Michelangelo

1524–1531
Ausführung der beiden *Medici-Grabmäler* (S. 60 ff.)

1529
6. April: Michelangelo wird zum „Generale Governatore et Procuratore“ („Oberbefehlshaber und Aufseher“) über die gesamten Befestigungsanlagen von Florenz ernannt.
21. September: Flucht nach Venedig.
29. November: Rückkehr in das vom Heer des Kaisers Karl V. und des Papstes Clemens VII. weitgehend eingekesselte Florenz.

1530
12. August: Kapitulation der Florentiner Republik und Umwandlung derselben in eine Erbmonarchie durch Alessandro de' Medici.

1534–41
Entstehung des *Jüngsten Gerichts* in der Sixtinischen Kapelle.

1535
Papst Paul III. ernennt Michelangelo zum obersten Baumeister, Bildhauer und Maler des Vatikans.

1546–1561
Michelangelo liefert als oberster Baumeister von St. Peter zeichnerische Entwürfe und Modelle für deren Kuppel, das größte freitragende Ziegelbauwerk der Welt (58,90m Durchmesser außen, 41,50m innen).

1547–1555
Die Arbeit an der von Michelangelo zum eigenen Grabmal bestimmten *Florentiner Pietà* (S. 92 ff.) beginnt.

1550
Erste Ausgabe der *Lebensläufe der berühmtesten Maler, Bildhauer und Architekten* von Giorgio Vasari erscheint (2. erweiterte Aufl. 1568).

1553
Die *Vita di Michelangelo* von Ascanio Condivis wird veröffentlicht.

1564
18. Februar: Michelangelo stirbt im Alter von fast 89 Jahren in Rom.
12. März: Die sterblichen Überreste werden in der Kirche S. Croce in Florenz beigesetzt.

49 I Giuliano Bugiardini, **Porträt des Michelangelo Buonarroti mit Turban**, um 1522 (1506 lud der Sultan Bayezid II. Michelangelo nach Konstantinopel ein, damit er ihm eine Brücke über das Goldene Horn baue.[29])

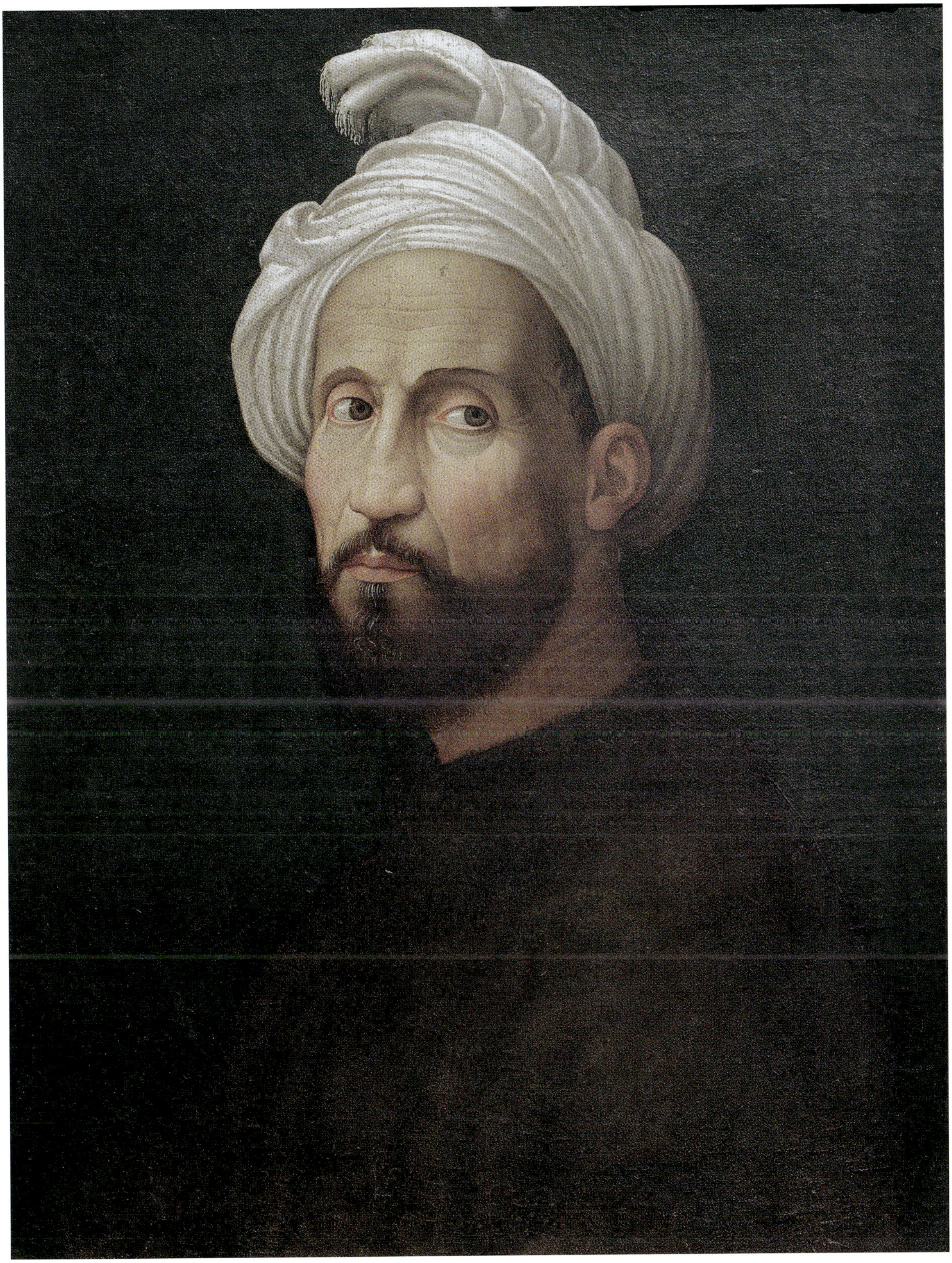

„Genius ist ewige Geduld." [30]

Michelangelo

49 I Jacopino del Conte (?), **Porträt Michelangelos**, um 1535

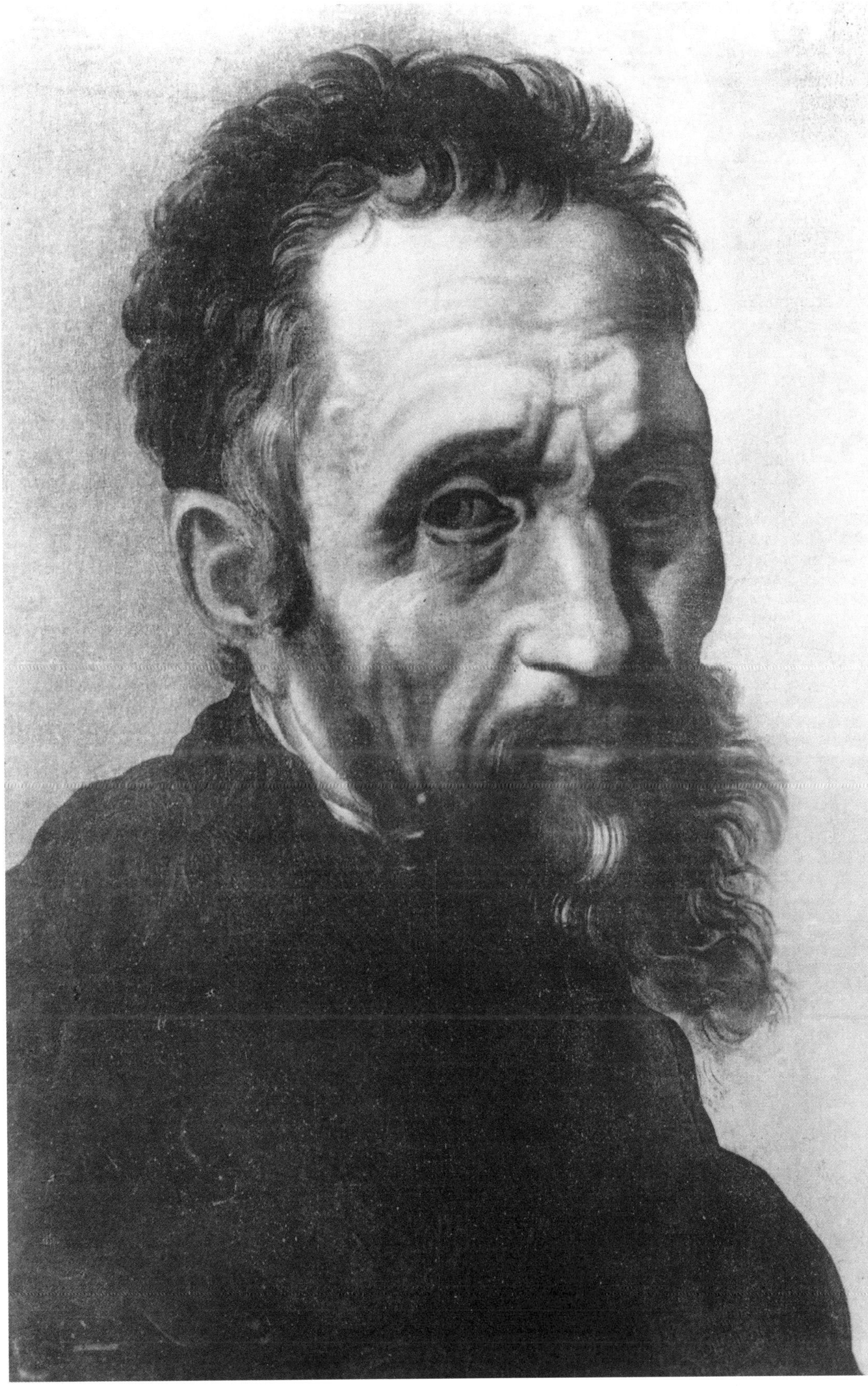

ANMERKUNGEN

1 Die Äußerung wird dem Künstler zugeschrieben. Vgl. Robert Kaltenbrunner, *Hoch hinaus*, in: Frankfurter Rundschau vom 14.08.2018, https://www.fr.de/kultur/hoch-hinaus-10955003.html (abgerufen am 15.02.2023).

2 Friedrich Nietzsche, *Götzen-Dämmerung. Was den Deutschen abgeht*, Kap. 6, zit. n. https://www.textlog.de/3565-2.html (abgerufen am 15.02.2023).

3 Gustav Seibt, ZEIT ONLINE, https://www.zeit.de/2001/36/200136_sm-michelangelo.xml (abgerufen am 15.02.2023).

4 Susan Sontag, *Kunst und Antikunst*, München 1980, S. 12 f. (Originalausgabe „Against Interpretation", New York 1962).

5 Vgl. David Hornemann v. Laer, *Vom Geschöpf zum Schöpfer. Die Genesisfresken Michelangelos in der Sixtinischen Kapelle*, Johannes M. Mayer, Stuttgart 2009, S. 111.

6 Weiter heißt es: „Schon die Hoffnung, durch Interpretation zu solchen Sicherheiten Vorzudringen (...) muss Missverständnis hervorrufen." Michael Bockemühl, *Vom unvollendeten zum offenen Kunstwerk. Zur Diskussion des non-finito in der Plastik von Michelangelo*, in: *Bildrezeption als Bildproduktion. Ausgewählte Schriften zu Bildtheorie, Kunstwahrnehmung und Wirtschaftskultur*, hrsg. von Karen van den Berg und Claus Volkenandt, transcript Verlag, Bielefeld 2016, S. 226.

7 Die originalen Tonbandaufzeichnungen der Vorlesungen sind verschollen. Die Transkriptionen wurden im Auftrag von Michael Bockemühl von dessen Sekretärin Sandra Schwarz angefertigt. Sie sind der Ausgangspunkt unserer Überarbeitung.

8 Michelangelo 1538 in einem Gespräch mit Francisco de Hollanda, zit. n.: Fritz Erpel (Hrsg.), *Michelangelo Buonarroti, Ich Michelangelo, Briefe, Dichtungen und Gespräche in einer Auswahl*, Berlin (Ost) 1975, S. 171.

9 Agostino di Duccio, ein Schüler Donatellos, hatte versucht, eine Figur aus dem Stein zu schlagen, wobei ihm bereits in einem frühen Stadium der Bearbeitung ein Fehler unterlaufen sei, so „dass weder er noch ein anderer je den Mut aufbrachten, Hand daran anzulegen, um eine Statue daraus zu formen." Ascanio Condivi, *Das Leben des Michelangelo Buonarroti* (neu übers. u. komm.: Ingeborg Walter), Wagenbach Verlag Berlin 2018, S. 40.

10 Erwin Panowsky schreibt in Anlehnung an Giorgio Vasari: „So sind Michelangelos Gestalten [...] in Bezug auf die Oberflächen eines rechteckigen Blocks [konzipiert], wobei die Formen aus dem Stein hervortreten wie aus dem Wasser eines langsam ablaufenden Wasserbeckens." *Studien zur Ikonologie. Humanistische Themen in der Kunst der Renaissance*, DuMont, Köln 1980, S. 256.

11 Johann Wolfgang Goethe, *Aus meinem Leben. Dichtung und Wahrheit*, Münchner Ausgabe Bd. 16, Peter Sprengel (Hg.), München/Wien, S. 532.

12 Eugène Delacroix zit. n. Georgia Illetschko, *Ich, Michelangelo*, Prestel Verlag, München 2003, S. 149.

13 Der „Gleichgewichtssinn" ist Teil der von Dr. Rudolf Steiner von 1909 bis 1920 entwickelten Sinneslehre, die nicht nur die fünf schon von Aristoteles beschriebenen Sinne (Sehen, Hören, Riechen, Schmecken, Tasten) umfasst, sondern sieben weitere: Bewegungssinn, Gleichgewichtssinn, Lebenssinn, Wärmesinn, Sprachsinn, Gedankensinn und Ichsinn. Vgl. Rudolf Steiner, *Zur Sinneslehre*, hrsg. von Christoph Lindenberg, Verlag Freies Geistesleben, Stuttgart 1980.

14 Giorgio Vasari, *Das Leben des florentinischen Malers, Bildhauers und Baumeisters Michelagnolo Buonarroti*, Philipp Reclam, Stuttgart 1996, S. 173. Im Folgenden „G. Vasari" genannt.

15 Die der Nacht gewidmeten Vierzeiler sowohl von Giovanni Strozzi (1505-1571) als auch die Antwort von Michelangelo (vgl. S. 62) finden sich in der Übersetzung von Rainer Maria Rilke in: *Dichtungen des Michelangelo*, Insel-Bücherei Nr. 496, Wiesbaden 1957, S. 5.

16 Conrad Ferdinand Meyer, *Der römische Brunnen*: „Auf steigt der Strahl und fallend gießt / Er voll der Marmorschale Rund, / Die, sich verschleiernd, überfließt / In einer zweiten Schale Grund; / Die zweite gibt, sie wird zu reich, / Der dritten wallend ihre Flut, / Und jede nimmt und gibt zugleich / Und strömt und ruht."
Zit. n.: https://www.aphorismen.de/suche?autor_quelle=Conrad+Ferdinand+Meyer (abgerufen am 15.02.2023)

17 Vgl. Raphael Rosenberg, *Beschreibungen und Nachzeichnungen der Skulpturen Michelangelos. Eine Geschichte der Kunstbetrachtung*, München/Berlin, 2000.

18 Benedetto Varchi nannte die beiden Tageszeiten des Grabmals von Herzog Lorenzo 1549 „Morgenröte" und „Abenddämmerung" („Aurora" und „Crepuscolo"). Vgl. H. Bredekamp, *Michelangelo*, Verlag Klaus Wagenbach, Berlin 2021, S. 381. Im Folgenden „Bredekampf 2021" genannt.

19 Rodin an seine Lebensgefährtin und spätere Frau Rose Beuret, Brief Nr. 13, zit. u. übers. nach: *Correspondance de Rodin*, 1:1860–1899, hrsg. und kommentiert von Alain Beausire und Helene Pichet, Paris 1985.

20 In dem Bericht de Vigenères heißt es weiter: „Und er ging derart angriffslustig an die Arbeit, mit solcher Kraft und solchem Feuer, dass ich dachte, der Block würde in lauter Trümmer zerbrechen. Mit einem einzigen Hieb brach er Stücke von drei, vier Fingerbreiten los, und zwar so genau an der markierten Stelle, dass er, wenn nur ein kleines bisschen mehr von dem Marmor abgesprungen wäre, das ganze Kunstwerk verdorben hätte."
Zit. n. https://christophschmitzscholemann.de/michelangelos-schoenstes-gedicht/ (abgerufen: 15.3.2023).

21 Michelangelo, 1. Strophe des Gedichts: „Auf den Tod der Vittoria Colonna", zit. n., *Michelangelo. Lebensberichte. Gedichte. Briefe*, hrsg und übersetzt von Hanneliese Hinderberger, Manesse Verlag, Zürich 1947, S. 447.

22 Horst Bredekamp beobachtet dieses tastende Vorgehen in seinem 2021 erschienenen Opus magnum schon an Michelangelos Madonna an der Treppe: „Sein erstes überliefertes bildhauerisches Werk zeigt, dass ihm eine Form allenfalls vorschwebte, als er die Oberfläche aufmeißelte. Das Werkzeug tastete sich an die Materie heran, als würde ein Zeichenstift über Papier geführt. Michelangelo skizzierte im Marmor, um offen zu sein für das, was sich in der Auseinandersetzung mit demselben ergab. Er verließ sich beim Skulptieren auf seine Intuition, die beweglich blieb, weil sie die Gegebenheiten des Materials aufnahm. [...] In Zukunft wird Michelangelo dem Stein nicht etwa eine einmal gefundene Form oktroyieren, sondern im unaufhörlichen Dialog mit dem Marmor auf dessen Bedingungen reagieren." Bredekamp 2021, S. 61.

23 Jüngsten Forschungen zufolge handelt es sich bei diesem Werk um eine von Michelangelo liegengelassene Arbeit (vgl. Irving Lavin (†), Marilyn Aronberg Lavin, *The ‚Palestrina Pieta': Gatherings on the History of ‚a Statue begun by Michelangelo'*, in: IRSA no. 82 (XLI), Krakau/Wien 2020), die „fraglos verschiedene Hände aufweist". Bredekamp 2021, S. 672.

24 Ascanio Condivi, Das Leben des Michelangelo Buonarotto (Quellenschriften für Kunstgeschichte, VI, Wien 1874), S. 72,
zit. n.: https://www.digitale-sammlungen.de/de/view/bsb11181502?page=1 (abgerufen am 15.02.2023).

25 Vgl. Michael Bockemühl, Notizen zur Vorlesung KUNST SEHEN Bd. 16 *Michelangelo* im Wittener Saalbau vom 10. Mai 1994, Michael Bockemühl Archiv, Herdecke.

26 Siehe S. 17.

27 Michelangelo, zit. n.: Heinrich Koch, *Gedanken eines Einsamen. Der unbekannte Michelangelo in Rede und Prosa*, Hamburg 1943, S. 15. Im Folgenden „H. Koch" genannt.

28 Michelangelo zit. n.: H. Koch, S. 10.

29 Wie Vasari berichtet, hegte Michelangelo den Gedanken, „nach Konstantinopel zu gehen, um dem Großsultan zu dienen, [...] um durch ihn eine Brücke von Konstantinopel nach Pera zu bauen." G. Vasari, S. 137. Ein Gedicht unterschrieb der Künstler mit den Worten: „Euer Michelagniolo in der Türkei." Vgl. *Michelangelo Gedichte*, Italienisch und Deutsch , hrg. u. übers, von Michael Engelhard, Frankfurt a.M. 1999, S. 18.

30 Die Äußerung wird Michelangelo zugeschrieben. Vgl. David Besemer, in: DM Review, New York, Bd. 17, Ausgabe 5, Mai 2007, S. 26.

VERZEICHNIS DER WERKE UND BILDNACHWEISE

1 | Daniele da Volterra (zugeschrieben), **Porträt von Michelangelo Buonarroti**, 1545, Öl auf Holz, 88.3 x 64.1 cm, Metropolitan Museum, New York, Geschenk von Clarence Dillon 1977, Wikimedia Commons, S. 9.

2 I Christian Nielinger, **4 Porträtfotos von Michael Bockemühl** © C. Nielinger, Essen 2003, S. 14.

3 I Michelangelo, **David** (Fernsicht), 1501–1504, Marmor, Höhe 517 cm, Galleria dell' Accadèmia, Florenz © Domingie & Rabatti – La Collection – ARTOTHEKS. 19.

4 I Michelangelo, **David** (siehe Nr. 3), Foto: Jörg Bittner Unna, 2016, Cc via Wikimedia Commons, File:'David' by Michelangelo Fir JBU005 denoised. jpg, S. 21.

5 I Michelangelo, **Erwachender Sklave**, 1519–1520, Marmorskulptur, Höhe 267 cm, Galleria dell'Accadèmia, Florenz © Bridgeman Images, S. 23.

6 I Michelangelo, **Erwachender Sklave**, 1519–1520, Marmorskulptur, Höhe 267 cm, Galleria dell' Accadèmia, Florenz © akg-images / Rabatti & Domingie, S. 24.

7 I Michelangelo, **David** (siehe Nr. 3), © akg-images / Rabatti & Domingie, S. 25.

8 I Michelangelo, **9 Perspektiven des Antlitzes der David-Statue**, (von oben links nach unten rechts): a) Bild-Nr. 09238352, © mauritius images / age fotostock / Ephotocorp, b) Bild-Nr. AII80505, © Bridgeman Images, c) Bild-Nr. 1556727, © akg-images / Nimatallah, d) © David Hornemann v. Laer, 2018, e) Bild-Nr. 40911, © Domingie & Rabatti - La Collection - ARTOTHEK, f) Bild-Nr. 03624997, © mauritius images / SuperStock, g) Bild-Nr. 53901, © akg-images, h) Bild-Nr. 2472763, © akg-images / De Agostini Picture Library, i) © David Hornemann v. Laer, 2018

9 I Michelangelo, **Plinte mit Füßen der David-Statue** (siehe Nr. 3), Foto: Jörg Bittner Unna, 2008, Cc via Wikimedia Commons, File:'David' by Michelangelo JBU05.JPG, S. 28.

10 I Fra Angelico, **Verklärung Christi**, 1437–45, San Marco, Kapelle, Florenz, © akg-images / Manuel Cohen, S. 30.

11 I Michelangelo, **David** (siehe Nr. 3), Foto: Jörg Bittner Unna, 2021, Cc via Wikimedia Commons, File: ‚David' by Michelangelo FI Acca JBU 016. jpg, S. 31.

12 I Michelangelo, **David** (siehe Nr. 3), Foto: George M. Groutas, Cc via Wikimedia Commons, File: Galleria dell' Accademia Michelangelo's David, Florence 2019 - 48170161376.jpg, S. 31.

13 I Michelangelo, **David** (siehe Nr. 3), Foto: Benjamín Núñez González, Cc via Wikimedia Commons, File: David, Miguel Ángel, Florencia, Italia, 2019 15.jpg, S. 33.

14 I Michelangelo, **David** (siehe Nr. 3), Foto: Jörg Bittner Unna, 2008, Cc via Wikimedia Commons, File: ‚David' by Michelangelo JBU05.JPG, S. 33.

15 I Michelangelo, **David** (siehe Nr. 3), Foto: Jörg Bittner Unna, 2016, Cc via Wikimedia Commons, File: ‚David' by Michelangelo Fir JBU004.jpg, S. 35.

16 I Michelangelo, **David** (siehe Nr. 3), Foto: Jörg Bittner Unna, 2017, Cc via Wikimedia Commons, File: ‚David' by Michelangelo Fir JBU001.jpg, S. 35.

17 I Michelangelo, **David** (siehe Nr. 3), Foto: Jörg Bittner Unna, 2021, Cc via Wikimedia Commons, File: ‚David' by Michelangelo FI Acca JBU 011. jpg, S. 37.

18 I Michelangelo, **David** (siehe Nr. 3), Foto: Jörg Bittner Unna, 2021, Cc via Wikimedia Commons, File: ‚David' by Michelangelo FI Acca JBU 012. jpg, S. 37.

19 I Michelangelo, **David** (Detailansichten, siehe Nr. 3), Fotos Cc via Wikimedia Commons: a) Foto: Benjamín Núñez González, File: David, Miguel Ángel, Florencia, Italia, 2019 11.jpg; S. 38. b) Foto: Jörg Bittner Unna, 2008 File: ‚David' by Michelangelo JBU0001.jpg; S. 38. c) Foto: Jörg Bittner Unna, 2021, File: ‚David' by Michelangelo FI Acca JBU 010.jpg; S. 39. d) Foto: George M. Groutas, (siehe Nr. 12), S. 39.

20 I Michelangelo, **Rechte Hand der David-Statue** (siehe Nr. 3), © Joseph Kellard/kellardmedia.com, S. 41.

21 I Michelangelo, **Madonna an der Treppe**, um 1490, Marmorrelief, 55,5 cm x 40 cm, Casa Buonarroti, Florenz, © Mondadori Portfolio/Electa/ Barisotti / Bridgeman Images, S. 42–43, 45.

22 I Michelangelo, **Kentaurenschlacht** (Detailansicht), 1492, Marmorrelief, 84,5 cm x 90,5 cm, Casa Buonarroti, Florenz, © akg-images / Rabatti & Domingie, S. 47.

23 I Michelangelo, **Kentaurenschlacht**, 1492, Marmorrelief, 80 cm x 90,5 cm, Casa Buonarroti, Florenz © akg-images / Manuel Cohen, S. 49.

24 I Michelangelo, **Bacchus**, 1496–1497, Marmorskulptur, Höhe mit Basis 203 cm, Nationalmuseum Bargello, Florenz, © akg-images / Rabatti & Domingie, S. 51–53, 55.

25 I Michelangelo, **David-Apollo**, 1530, Marmor, Höhe 146 cm, Nationalmuseum Bargello, Florenz, © Raffaello Bencini / Bridgeman Images, S. 57.

26 I Giambologna, **Merkur**, 1580, Bronze, Höhe 187 cm, Nationalmuseum Bargello, Florenz, © akg-images / Erich Lessing, S. 59.

27 I Michelangelo, **Die Nacht** (Detailansicht), Marmor, Länge 194 cm, San Lorenzo, Neue Sakristei (Medicikapelle), Florenz, © akg-images / Erich Lessing, S. 60 f.

28 I Michelangelo, **Grabmal des Giuliano de Medici**, 1524–1531, Marmor, San Lorenzo, Neue Sakristei (Medicikapelle), Florenz, © akg-images, Rabatti & Domingie, S. 63.

29 I Michelangelo, **Grabmal des Giuliano de Medici**, 1524–1531, Marmor, San Lorenzo, Neue Sakristei (Medicikapelle), Florenz, © akg-images, Rabatti & Domingie, S. 65.

30 I Michelangelo, **Die Nacht**, 1524–1531, Marmor, Länge 194 cm, San Lorenzo, Neue Sakristei (Medicikapelle), Florenz, © Bildarchiv Foto: Marburg, Albert Hirmer,Irmgard Ernstmeier-Hirmer, S. 66 f.

31 I Peter Paul Rubens nach Michelangelo, **Die Nacht**, 1603, schwarze Kreide, braune Pinsellavierung, weiße und beige Gouache auf Papier, 24,5 × 35 cm, © Fondation Custodia, Collection Frits Lugt, Paris, S. 68.

32 I Federico Zuccaro, **Künstler zeichnen und modellieren in der Neuen Sakristei**, um 1560, schwarzer Stift und Rötel, © RMN-Grand Palais (musée du Louvre) / image RMN-GP, S. 69.

33 I Michelangelo, **Der Morgen** (Aurora), 1524–1531, Marmor, Länge 206 cm, San Lorenzo, Neue Sakristei (Medicikapelle), Florenz, © Bildarchiv Foto Marburg / Albert Hirmer, Irmgard Ernstmeier-Hirmer, S. 71.

34 I Auguste Rodin, **Studie nach Michelangelos Morgen**, um 1877, Bleistift auf Papier, 48,5 x 62,7 cm, Musée Rodin, Paris, © Musée Rodin (Foto: Jean de Calan), S. 72 f.

35 I Michelangelo, **Der Abend**, 1524–1531, Marmor, Länge 195 cm, San Lorenzo, Neue Sakristei (Medicikapelle), Florenz, © Bildarchiv Foto Marburg / Albert Hirmer, Irmgard Ernstmeier-Hirmer, S. 74 f.

36 I Michelangelo, **Der Abend** (Detailansichten), © David Hornemann v. Laer 2018, S. 76; © Bildarchiv Foto Marburg / Albert Hirmer, Irmgard Ernstmeier-Hirmer, S. 77.

37 I Michelangelo, **Der Sieg**, um 1531/32, Marmor, Höhe 261 cm, Palazzo Vecchio, Salone dei Cinquecento, Florenz, © akg-images / Rabatti & Domingie, S. 78 f.

38 I Michelangelo, **Der Tag**, 1524–1531, Marmorskulptur, Länge 185 cm, San Lorenzo, Neue Sakristei (Medicikapelle), Florenz, © Bildarchiv Foto Marburg / Albert Hirmer, Irmgard Ernstmeier-Hirmer, S. 81.

39 I Michelangelo, **Der Tag** (siehe Nr. 38), Wikimedia Commons, File: Grabmal von Giuliano II. de Medici (Michelangelo) Cappelle Medicee Florenz-6.jpg, S. 82 f.

40 I Michelangelo, Detailansichten: **Die Nacht** © akg-images / Erich Lessing; **Der Morgen** © akg-images / Erich Lessing; **Der Abend** © David Hornemann v. Laer 2018; **Der Tag** © mauritius images / Martin Beddall / Alamy / Alamy Stock Photos, S. 85.

41 I Michelangelo, **Atlas-Sklave**, 1520–1525, Marmor, Höhe 282 cm, Galleria dell'Accadèmia, Florenz, © akg-images / Rabatti & Domingie, S. 86.

42 I Michelangelo, **Atlas-Sklave** (siehe Nr. 41), © Bildarchiv Foto Marburg / Albert Hirmer, Irmgard Ernstmeier-Hirmer, S. 89.

43 I Michelangelo, **Atlas-Sklave**, siehe Nr. 41, © akg-images / Andrea Jemolo, S. 90 f.

44 I Michelangelo, **Pietà Palestrina**, um 1550/1560, Marmor, 253 x 134 x 78 cm, Galleria dell'Accademia, Florenz, Frontal- und Detailansichten, © akg-images / Rabatti & Domingie, S. 93.

45 I Michelangelo, **Florentiner Pietà**, 1547–1555, Marmor, Höhe 226 cm, Dommuseum Florenz, ©mauritius images / Martin Beddall / Alamy / Alamy Stock Photos, S. 95.

46 I Michelangelo, **Florentiner Pietà**, siehe Nr. 45, mauritius images / AGENZIA SINTESI / Alamy / Alamy Stock Photos, S. 97.

47 Michelangelo, **Florentiner Pietà**, siehe Nr. 45, © akg-images / De Agostini Picture Lib. / G. Nimatallah, S. 99.

48 I Raphael, **Michelangelo als der vorsokratische Philosoph Heraklit**, Detail der **Schule von Athen**, 1510–1511, © Stefano Baldini / Bridgeman Images, S. 103.

49 I Giuliano Bugiardini, **Porträt des Michelangelo Buonarroti mit Turban**, um 1522, Öl auf Holz, 49 × 36,4 cm, Musée du Louvre, Paris, © akg-images / Erich Lessing, S. 105.

50 I Jacopino del Conte (?), **Porträt Michelangelos**, 16. Jahrhundert, Radierung, © mauritius images / Colaimages / Alamy / Alamy Stock Photos, S. 107.

DANK

Dass diese vor über 25 Jahren begonnene und glücklicherweise auf Tonband aufgezeichnete Vorlesungsreihe nun endlich in Buchform erscheinen kann, verdankt sich der Mitarbeit vieler Menschen.

Die Aufzeichnungen auf den Tonbändern wurden von Sandra Schwarz verschriftlicht. Natalie Rehm brachte die Texte in eine erste Form und suchte die Dias zu den Vorträgen zusammen. Schließlich gibt es zahlreiche Studierende, die sich in David Hornemann v. Laers Seminaren um eine vorsichtige Überarbeitung der Vorlesungen bekümmern und zahlreiche Ideen beisteuern zur Umsetzung des Textes und der Bilder in eine stimmige Buchform. Ohne ihre Begeisterung und vielseitige Unterstützung wäre es niemals möglich, dieses herausfordernde Projekt zu realisieren.

An dem Zustandekommen der bislang erschienenen Bände waren in unterschiedlicher Besetzung beteiligt: Tanja Adam-Heusler, Meike Adden, Joseph Bailey, Elena Ball, Luise Baumeister-Lingens, Lea Bengel, Franziska Behrens, Laura Bickel, Malte Bischoff, Pauline Bischofsberger, Geraint Black, Maximilian Bockemühl, Leandra Börner-Valdez, Antonia Bonn, Malte Braun, Demian Buchner, Elisabeth Capellmann, Eda Ciftci, Andreas Czwodzinski, Julius Daniel, Anna Deffner, Philipp Doose, Jana Eckey, Lara-Luna Ehrenschneider, Manischa Eichwalder, Noa Fischer, Isabel Gadea, Caroline Geck, Max Geuer, Paul Geilenberg, Laura-Eve Grellmann, Andreas Grießer, Isabel Gudd, Julia Hansel, Mandy Hecht, Antonia Heinrich, Ronja Hellebrandt, Johanna Hertzberg, Hannah Heukeroth, Börries Hornemann, Gabriel Hornemann, Laura Jacobson, Paul Jejkal, Sinja Jessberger, Florian Kämpf, Jannis Keuerleber, Jennifer Klack, Jakob Kraul, Jonas Klingberg, Mathilda Knoblauch, Anna Ko, Daniel Kohler, Julian Kramp, Andrea Kreisel, Johanna Lamprecht, Melanie Laskowski, Clara Laufenberg, Dominik Lauinger, Vittoria Lenz, Valerie Liebers, Katharina Lilienthal, Rose Link, Anke Loewensprung, Luca Löhr, Foo Low, Sarah Luther, Patrizia Marioli, Laura Marschallek, Miranda Kiefer, Helias Mackay, Nura Mahmalat, Johanna Mayrshofer, Nikolas Middelmann, Sarah Morhenne, Tobias Möller-Hahlbrock, Werner Mosetter, Lorenz Mrohs, Julia Muhsal, Matthias Niedermann, Deborah Oppermann, Martin Pawelkiwitz, Christian Petersen, Laurenz Pfaff, Matthias Pfrogner, Anselm Prechtl, Constantin Reuter, Joyce Rieck, David Richardoz, Lydia Roknic, Kaoutar Rhanimi Boukka, Carla Scherf, Paul Schönenberg, Felix Schramm, Verena Schusser, Josephine Schütt, Melina Schwab, Yvonne Schwarzer, Amelie Scupin, Inga Seefeld, Flora Seibel, Laura Sieber, Sarah Sock, Reinhold Spratte, Carlotta Süring, Rahel Steffen, Rachel Steinmetz, Matthias Tamm, Carla Tenthoff, Christine Teuchert, Olaf Tittel, Philine Töpper, Friedemann Uhl, Richard Ulrich, Nikolas von Kameke, Pauline Warneboldt, Anna-Lena Weidemann, Christiane Weinberg, Shaya Werner, Clara Wicharz, Kai Witthinrich, Jette Wolf, Klara Zepp, Mara Zöller.

Die Buchreihe verdankt ihre das Kunstwerk ins Zentrum rückende Gestaltung dem Grafiker Frank Schubert. Katharina de Roos sei Dank für ihr aufmerksames Lektorat und Christoph Steinrücken für das umsichtige Marketing. Nicht zuletzt sei den Verlagsleitern Jens Heisterkamp, Silke Brandmeier und Ramon Brüll für ihre Unterstützung und ihren Glauben an diese heikle, komplexe und viel Geduld erfordernde Unternehmung gedankt.

Zudem danken wir den im Folgenden genannten Förderern, die uns unterstützt und die Drucklegung dieses Bandes möglich gemacht haben:

IMPRESSUM

Bibliographische Information der Deutschen Nationalbibliothek:
Die Deutsche Nationalbibliothek verzeichnet diese
Publikation in der Deutschen Nationalbibliographie;
detaillierte bibliographische Daten sind im Internet über
http://dnb.ddb.de abrufbar.

ISBN 978-3-95779-078-1

Erste Auflage 2023

Redaktion und Lektorat: Katharina de Roos

Typographie, Satz und Umschlag:
Frank Schubert, Frankfurt am Main unter Verwendung der Statue
Die Nacht vom Grabmal des Giuliano de' Medici, Linke Liegefigur
auf dem Sarkophagdeckel, 1523–1531, © akg-images / Nimatallah.

Druck und Bindung: Dilling Printmedien, Kreuztal

INFO3 VERLAG

Kirchgartenstr. 1, 60439 Frankfurt
Tel. 069-58 46 47, Fax +49-69-58 46 16
vertrieb@info3.de

WWW.INFO3.DE

HERAUSGEBER:
Dr. David Hornemann v. Laer
WittenLab. Zukunftslabor Studium fundamentale
Universität Witten/Herdecke
Alfred-Herrhausen-Str. 50, 58448 Witten
E-Mail: david.hornemannvonlaer@uni-wh.de
www.kunst-sehen.info